용의 여의주와
쇠똥구리의 말똥

| 정연승의 자잘한 세상 이야기 |

용의 여의주와 쇠똥구리의 말똥

한 솔

| 글을 시작하며 |

말똥 같은 이야기

항상 그렇지만 내 본업(本業)이 아닌 글을 내보일 때면 어색하다. 내 옷이 아닌 남의 옷을 빌려 입은 느낌이라고나 할까. 외도를 하다 들킨 사람처럼 남에게 치부를 보인 그런 느낌이다.

얼마 전 모 일간지로부터 전화를 받았다. 내 이름을 걸고 시평(時評)을 하나 써보란다. 먼저 거절부터 했다. 소설을 쓰는 놈이 소설은 쓰지 않고 외도를 하는 것 같아서였다. 그리고 또 다른 이유는 시평이라는 원고 내용 때문이었다. 내 스스로 반듯하게 살지 못하면서 누구를, 무엇을 평한단 말인가. 참으로 무치한 일이다. 외도에 무치까지 저지른다는 생각에 선뜻 결정을 내리기 힘들었다. 그러다 문득 외도와 무치의 이면에 혹시 내가 여룡의 여의주 같은 글만 사람들에게 보여주고 싶어 그러는 것은 아닐까, 하는 의문이 들었다.

"말똥구리는 스스로 말똥을 아껴 여룡(驪龍)의 여의주를 부러워하지 않는다. 여룡 또한 여의주를 가지고 스스로 뽐내고 교만하여 저 말똥을 비웃지 않는다."

조선 후기 실학자 이덕무의 「선귤당농소(蟬橘堂濃笑)」에 나오는 글이다. 여룡은 자신이 가지고 있는 여의주가 너무나 자랑스러워 말똥은 보이지도 않는다. 말똥구리 또한 결코 여룡의 여의주를 부러워하지 않는다. 자신의 말똥이 이 세상 어떤 것보다도 소중하다고 생각하기 때문이다. 말똥구리에게 여의주는 아무짝에도 쓸모가 없다. 말똥구리의 말똥은 배고플 때 양식이 되기도 하고, 때론 그 속에 알을 낳아 새끼를 기르는 집이 되기도 한다. 그러니 말똥구리에게는 먹을 수도, 새끼를 키울 수도 없는 여의주가 돌덩어리나 마찬가지다.

여의주든 말똥이든 내가 필요로 하면 그뿐이지 남의 시선이 뭐 그리 중요한가. '남들 눈에 내 모양이 어떻게 비칠까?' 하는 조바심은 왜 내는가. 제 것을 귀하게 여기지 않고 남의 눈치만 살폈던, 말똥구리만도 못한 나 자신이 부끄러웠다. 소설이든 시평이든 사람들이 느낄 따뜻함만 담으면 되지 형식이 뭐 그리 중요하겠는가. 실상이 중요하다. 그래서 세상에 흩어져있는 말똥 같은 이야기를 한번 써보기로 했다.

우리 주변에는 너무나 일상적이고 미미해서 스쳐 지나가는 그런 자잘한 이야기들이 수없이 많다. 대부분 아름다운 이야기에만 관심을 보일 뿐 소소한 이야기는 귓등으로 흘려버린다. 백 리를 뛰는 비루한 말이 있기에 천리마가 더 빛나 보이듯 말똥이 있기에 여의주가 더욱 돋보인다는 사실을 간과하고 있다. 그러고는 여의주만을 우러러본다. 그래서 말똥 같은 이야기지만 여의주 못지않게 귀한 얘기가 될 수 있다는 사실을 모두에게 보여주고 싶었다.

세상에는 주연보다 조연이 훨씬 더 많다. 훨씬 더 많은 것이 아니라 대다수가 조연으로 살아가고 있다. 그들은 중심에서 밀려나 말똥 같은 삶을 살아가는 주변인들이다. 그들은 여의주가 내뿜는 빛남에 가려져 존재조차 미미하게 살아가고 있다. 세상 사람들도 화려한 여의주만 동경할 뿐 그들의 존재에 대해서는 관심을 쏟으려 하지 않는다. 그러나 그들의 삶에도 분명 말똥처럼 유익한 어떤 이야기가 들어 있지는 않을까?

이제부터 그들의 삶 속으로 들어가 보려고 한다. 그리고 말똥 같은 우리 이웃들의 이야기를 써보려고 한다. 특별할 것도 내세울 것도 없지만 읽고 나면 슬그머니 웃음 짓게 만드는 이웃들의 자잘한 이야기가 내가 말하려는 이 책의 근간이다. 여의주처럼 빛나지는 않지만 투박한 손끝으로 세상 평이 아니라 내가 바라는 사람 사는 세상의 모습을 그려보겠다.

말똥과 여의주가 공존해야 더 아름다운 세상이 된다. 여의주만 귀히 여기는 사람들이 많아질수록 세상은 단순해지고 각박해진다. 여의주가 아무리 많아도 다양성이 사라진 세상은 결코 성숙한 세상이 될 수 없다. 이러한 나의 작업이 메말라가는 사람들의 감성을 일깨우고 모두가 평안히 살 수 있는 대동 세상의 씨앗이 되었으면 하고 빌어본다.

여의주를 가진 것이 너무나 자랑스러워 말똥을 비웃지 않는 교만함보다는, 말똥을 귀히 여겨 결코 여의주를 부러워하지 않는 마음으로 〈정연승의 자잘한 세상 이야기〉를 시작한다.

2023년 4월

사직동 누옥에서
정연승

| 차 례 |

| 차 례 |

제 2 부

| 차 례 |

제 3 부

제 4 부

1부

무쇠솥

며칠 전 교수님 연구실에 잠깐 들렀다. 늘 마음은 있으면서도 이런 저런 핑계로 찾아뵙지 못해 인사를 드릴 겸 해서였다. 교수님은 여전히 변함없는 모습으로 연구실 책상에 앉아 계셨다. 서너 평 남짓한 연구실은 사방이 책이고 바닥에도 온갖 자료들이 쌓여있어 그 사이를 비집고 겨우 사람이 지나다닐 정도였다. 교수님께서 장의자에 켜켜이 쌓여있는 책들을 바로 옆 책상으로 올려놓고서야 내가 겨우 앉을 공간이 생겼다. 교수님이 비좁은 책상 한쪽에서 차를 끓이시고 이런저런 이야기가 시작되었다. 교수님은 "평생을 연구실에서 벗어나지 못하고 살았다. 이젠 연구실 문만 봐도 지겹다."고 말씀하셨다. 교수님은 평생 학문을 하며 발표한 업적을 인정받아 몇 년 전에는 세계적으로 권위 있는 상도 받았다. 많은 제자들이 교수님을 존경한다. 그런데 교수님은 자신의 저서를 가리키며 "출판사에서 잘 내주려 하지도 않는 책, 사람들이 읽지도 않는 책을 뭣 하러 썼는지 모르겠다. 저깟 걸 하느라 이제껏 가족들과 단 한 번도 여행을 해본 적이 없다."며 자책하셨다.

집으로 돌아오니 고등학교 친구로부터 전화가 왔다. 평소 자주 통화를 하던 친구인데 뭐가 불안한지 요즘 들어 부쩍 통화 횟수가 잦아졌다. 고등학생 때부터 영어를 잘했던 친구는 지금 서울에서 고등학교에 재직하며 영어 선생을 하고 있다. 친구는 "인생이 뭐 이러냐? 평생 학교와 집에 매여 한 번도 자유로운 적이 없었다."라고 말했다. 친구는 소도시 지역에 있는 대학에서 공부해 졸업한 후 서울로 진출했다. 그리고 직장도 얻었다. 결혼해서 남매도 두었다. 교직생활을 하며 알뜰히 모은 돈으로 영등포에 이층집도 마련했다. 그동안 아이들도 커서 딸은 캐나다에서 공부한 후 그곳에 정착했고, 아들은 국내 중견의 탄탄한 회사에 입사하여 근무하고 있다. 작년에는 자신이 가르치며 터득했던 삼십 년 동안의 노하우를 묶어 학생들이 어려워하는 문제의 핵심을 해결해 주는 영어 참고서도 두 권을 냈다. 그런데 친구는 "학원이나 하나 차려 맘 편하게 먹고살며 자유롭게 돌아다닐걸 그랬다. 남들과 비교해 보면 난, 해놓은 게 아무것도 없다."며 넋두리를 늘어놓았다.

저녁에는 선배가 집으로 찾아왔다. 가끔씩 만나 술을 나누는 대학 선배다. 집으로 가던 중 내 생각이 나서 중간에서 버스를 내렸단다. 내 생각보다는 술 생각이 나서였을 것이다. 그 선배는 전국을 무대로 기업 컨설팅을 한다. 학교에 다닐 적부터 얼마나 부지런했는지 잠시도 한군데 머무르지를 않았다. 그래서인지 전국구가 되었다. 자기가 원하면 언제든 어느 곳으로든 자유롭게 떠날 수 있다. 선배한테는 꼭 맞는 직업이다. 그런데 선배는 "하루 이틀도 아니고 눈만 뜨면 낯선 방이고, 이젠 객지에서 남의 밥 사 먹는 것도 진저리가 난다."고 했다.

선배는 널찍한 아파트에 혼자 산다. 그동안 재테크한 돈으로 상당

량의 재산도 모았고 다가올 미래도 걱정할 것이 없다. 통일 전에는 결혼을 않겠다더니 아직도 미혼이다. 잔소리할 마누라도 걱정할 자식도 없다. 부모님께서도 삼년 전 모두 돌아가셨다. 그야말로 빛나는 독신이다. 그러니 자신이 원하면 무엇이든 거침없이 맘껏 할 수 있다. 그런데 선배는 "혼자 밥 먹는 것도 지겹고, 빈집에 혼자 들어가기도 싫다."며 헤어지기가 싫어 자꾸 더 술을 시켰다. 밤이 이슥해졌는데도 선배는 일어설 기미를 보이지 않았다.

계절 탓일까? 만나는 사람마다 자기 연민에 빠져 있었다. 그러다 보니 자신이 이루어놓은 것들은 보이지 않고 남의 떡만 커 보인다. 당연히 남의 사정은 살펴볼 겨를도 없다. 사람들은 "넌 뭔 걱정이냐?"고 입버릇처럼 묻는다.

언젠가 내 삶이 정말 힘들고 팍팍해서 알고 지내던 선생님께 하소연한 적이 있었다. 그분은 두 부부가 평생 교직생활을 했고, 자식들도 모두 출가시켜 맡은 바 할 일(?)을 다 마쳤고, 이젠 퇴직해서 매달 나오는 연금으로 수시로 여행을 즐기며 말년을 보내고 있다. 남들이 보면 뭐하나 부러울 것이 없는 분이다. 누가 봐도 여유롭고 편안한 삶이다.

"선생님도 무슨 걱정이 있으십니까?"

그분의 삶이 부러워 내가 물었다.

"무쇠솥은 겉만 보면 평온해 보이지만 뚜껑을 열면 그 속은 설설 끓고 있어요. 남 사정은 아무도 모르지요."

무슨 일인지는 알 수 없었지만, 세상에서 가장 편안한 분이라고 생각했던 그 선생님도 뭔가 속 끓는 일이 있으신가 보다.

문의에서

토요일 오후, 버스를 타고 문의에 갔다. 그곳에 살고 있는 후배를 만나기 위해서였다. 아내가 싸준 오이소박이와 막걸리를 사들고 향교 뒤쪽 언덕배기 끝자락에 있는 작업실로 올라갔다. 화가인 후배는 우사를 개축한 그곳에서 그림을 그리고 있다. 작업실에 들어서니 이미 서너 명의 사람들이 둘러앉아 술판을 벌이고 있었다.

언제나처럼 미리 약속을 하고 만나는 그런 자리가 아니다. 그러니 특별히 할 이야기가 정해져 있는 것도 아니다. 목적지 없이 길을 떠났으니 그때그때 따라 이야기도 달라진다. '미친년 널뛰듯' 제멋대로지만 정신이 사납지는 않다. 작업실 공간은 바깥세상과는 전혀 다른 딴 세상이다. 그곳에는 현실의 고통 따위는 보이지 않는다. 뜬구름 잡는 예술 이야기도 하고, 시국 이야기도 하며 끝닿는 곳 없이 막걸리 잔과 함께 흘러간다. 그래서 그곳에 들어서면 마음이 편하다. 비록 술병을 올려놓을 상조차 없고 변변한 안주도 없지만 개의치 않는다.

짚방석 내지 마라 낙엽엔들 못 앉으랴
솔불 혀지 마라 어제 진 달 돋아 온다

아희야 박주산채ㄹ망정 없다 말고 내어라

아무렴 어떻겠는가? 박주산채조차 없더라도 막걸리 몇 잔과 뜻 나눌 친구가 있으니 행복하다. 거기에 모인 친구들도 행복해 보인다. 뭘 더 바라겠는가? 지금 이 순간 맘껏 즐기면 될 뿐. 저녁 해가 기울며 창문을 넘은 햇살이 눈부셔도 옮길 상차림이 없으니 돌아앉으면 그뿐이다. 그저 족하다. 바닥에 펼쳐놓은 술이 비어갈수록 시나브로 취기가 깊어진다. 몇 잔 막걸리로도 이렇게 행복해질 수 있다.

그런대 어느 순간 분위기가 변하기 시작했다. 막걸리 몇 잔에 취한 후배는 자꾸 분노가 치민다며 참고 참았던 울분을 토한다. '과부 설움은 과부가 알고 홀아비 사정은 홀아비가 안다'고 후배가 진정 하고 싶은 말이 무엇인지 알지만 애써 모른척한다. 그것은 우리를 지탱시키는 마지막 자존심이기 때문이다. 누가 억지로 시킨 일도 아니다. 스스로 결심한 일이다. 그런데도 자꾸 분심이 인다. 과하게 욕심을 부리며 들어선 길도 아니다. 살아가며 힘겹지 않을 정도만, 그저 그 정도만 원했을 뿐이다. 무엇이든 정직하고 열심히만 하면 그 정도는 누구나 당연히 누릴 수 있는 권리라고 조금도 의심치 않았다. 그런데 점점 그 희망이 사라져간다. 그리고 한없이 주눅 들게 만든다. 세상에 하고많은 일 중에서 돈도 되지 않는 예술을 선택한 것이 천형이라면 천형이다. 한잔 더 하자는 후배를 따라 문의 장터로 내려온다. 어두운 산길에 별빛이 총총하다.

"누구는 찰칵 한 방에 수천만 원씩 버는데, 난 일 년 내내 그려서 물감 값도 못 받아. 이젠 물감 사는 것도 눈치가 보여."

후배는 '식구들이 좋아하는 것을 한 번이라도 걱정 없이 사주었으면 좋겠다.'며 푸념을 늘어놓았다. 내가 하고 싶은 말을 내 입처럼 후배가 고대로 쏟아놓고 있었다. 나는 아무 말도 하지 않았다.

차부에는 청주로 나가는 막차가 기다리고 있다. 우리는 버스를 지나쳐 근처의 허름한 탁주 집에 다시 자리를 잡았다. 거리도 썰렁하고 술집도 썰렁하다. 후배는 '장날 장터에 가서 동네 노인들을 만나면 푸짐하게 안주를 시켜놓고 막걸리 대접이라도 맘 놓고 했으면 좋겠다.'며 또다시 푸념을 늘어놓았다.

"형, 이젠 동네도 편하게 못 댕겨. 노인들 영정 몇 장 그려줬더니 화가 선생이라고 소문이 나 보기만 하면 술을 사. 빈대도 낯짝이 있지, 어떻게 매번 얻어먹기만 해?"

후배는 자신이 할 줄 아는 게 그림밖에 없어 그동안 신세 진 이웃 노인 몇몇에게 나중에 쓸 얼굴을 그려주었단다. 노인들은 그게 고마워 볼 때마다 술을 산다는 것이다. 문제는 후배였다. 자신은 갚을 수도 없는데 매번 노인들로부터 얻어먹는 술이 너무 불편하다는 말이었다.

"넌 초상을 해줬잖어?"

"그건 내가 맨날 하는 일이잖유!"

자기가 남에게 준 것은 대수롭지 않게 여기면서 남에게 받은 것만 마음에 걸려 못 견뎌하는 후배를 보며 이번 생에는 그 고생을 끝낼 수 없겠다는 생각을 했다. 그리고 욕심이 그리 없으니 자신이 좋아하는 그림도 포기하지는 않을 것 같았다. 자신이 더 힘들면서 남에게 줄 생각부터 하는 그 마음이 다칠까 저어되었다. 한편으로는 막걸리 몇 병에도 행복해하고, 그나마도 맘껏 베풀지 못해 안타까워하는 가난한 예술가를 만족시켜주지 못하는 현실에 부아가 일었다.

모 닮은 친구

대학 동창들을 만났다. 우리가 만난 지도 어언 사십여 년이 넘었다. 처음에는 남자들끼리만 만나다 결혼 후에는 부부가, 아이들이 생겨나면서부터는 아이들까지 함께 만났다. 그렇게 여름·겨울방학이 되면 일 년에 두 차례씩 연례행사처럼 만나왔다. 그랬던 모임이 어느새 세월이 흘러 그렇게 쌓였다. 이제 아이들은 다 자라 한참 전부터는 더 이상 따라다니지 않는다. 그래서 다시 부부 여덟 명만 남았다. 그런데 네 쌍인 부부도 전부 한자리에 모이기가 쉽지 않다. 지난주 도고에서 모인 모임에는 아내가 참석하지 못하고 나 홀로 갔다. 장인어른 기일인지 모르고 날짜를 잡았기 때문이었다. 고작 넷 집이 시간을 맞추는 일이고, 일 년에 한두 번뿐인데도 그것조차 각자 사정이 있어 어렵다. 그렇게 친구들과 사십여 년 세월을 만나왔다.

세월은 바위도 갉아먹는다더니 먹지 못하는 것이 없는가 보다. 박장대소하게 만들던 친구들의 이야기도 예전처럼 재미지지가 않다. 이젠 친구들을 만나도 별다른 이야기가 없다. 하기야 스무 살 청년들이 만나 초로기를 지나 갑년을 넘기도록 만났으니 무슨 새로운 이야기가 있을 수 있겠는가? 어떤 이야기를 해도 익숙한 것들이니 별로 귀담아들을 것도 없다. 그러니 신경을 곤두세우고 들을 필요도 없다.

딴전을 피우며 귓등으로 듣는다 해도 무슨 이야기를 하려 하는지 이미 다 알고 있다. 다 아는 이야기라며 말을 잘라도 질책하는 친구도 없다. 친구 목소리가 허공을 떠돌아다녀도 그저 만나는 것이 즐거울 뿐이다.

그건 여행지를 가도 마찬가지다. 사십 년 동안 방방곡곡을 다녔으니 여행지 또한 더 이상 새로울 곳도 없다. 대웅전 부처님께 삼배도 하는 둥 마는 둥 수덕사 경내를 빠른 걸음으로 둘러보고 예약해 두었던 절집 앞 음식점으로 향했다.

맛집이라고 소문난 음식점에 들어서자마자 차려진 식사는 소 닭 보듯 하고 술부터 시켰다. 오랜 친구를 만났는데 술이 빠진다면 그건 색시 없이 장가드는 것과 뭐가 다르랴. 오늘따라 술 따라주는 친구 손이 더욱 곱다. 그득하게 차오르는 술잔만 봐도 괜스레 입이 벌어지며 웃음이 나온다. 모처럼 만나서 여행은 하지 않고 술만 마셔대도 아내들도 더 이상 지청구를 주지 않는다. 사십 년 세월의 힘이다.

술이 몇 잔 들어가자 익히 들어왔던 이야기가 다시 시작되었다. 이야기도 싹이 돋고 자라는가 보다. 처음 들었을 때는 간초롬했던 얘기가 세월이 흐르는 사이 살이 붙어 풍성해졌다. 그러거나 말거나 그게 중요한 것이 아니다. 우리는 지금 친구를 만나고 있다는 것만으로도 즐거울 뿐이다. 그 외에 뭐가 더 필요하겠는가. 벌건 얼굴, 즐거운 웃음소리, 태평성대만 있을 뿐이다.

창을 넘어오는 햇살이 얇아질수록 술자리도 거나해졌다. 취기가 오르자 친구들이 하나둘 가슴속에 응어리진 하소연을 풀어놓는다. "인생이 뭐 이러냐? 세상 일이 뜻대로 안 된다."느니 "처음에는 꿈도 있었는데 이젠 속물이 다 됐다."느니 "훌훌 다 떨치고 이렇게 놀러나 다녔으면 좋겠다."며 푸념이 이어졌다.

그러다 친구가 명예퇴직 이야기를 꺼내놓으며 울분을 털어놓는다. 날이 갈수록 직장에서 버티기도 힘들고 눈치가 보인단다. 동료 직원들도 아이들도 늙은이 취급을 한다는 것이다. 아직도 마음은 처음처럼 여전한데 남들은 그렇게 생각하지 않으니 서글프단다. 어떤 때는 "주변에 민폐만 끼치면서 뭘 저렇게 버티느냐."는 소리가 노골적으로 들려오기도 한단다. 그래도 가족들 생각해서 참고 견뎌보려고 했는데 도무지 버티기 힘겨워 이번에 명퇴를 신청했단다. 한편으로는 앞으로 연금이 어떻게 될지 몰라 불안해서 미리 타먹고 보자는 심사도 있었단다. 평생 몸 바쳐 일했던 직장에서 쫓기듯 밀려나는 것도 화가 나고, 이해타산을 따져 명퇴를 신청한 자신의 행태도 못마땅하다는 것이었다.

세상 사람들이 들으면 비난받을 속 이야기도 우리는 스스럼없이 털어놓는다. 그러니 자랑스러운 얘기는 물론 부끄러운 일까지도 우리에게는 비밀이 없다. 오히려 친구들의 그런 이야기를 들으면 안쓰러워 가슴이 짠할 뿐이다. 오래된 만남은 그렇게 서로의 흉허물조차 묻어버렸다. 세월에 모 닳은 흉허물은 이제 더 이상 부끄럼도 아니다. 흉허물이 없으니 친구들을 만나면 하소연도 하고 비명도 지른다.

세상에 많은 사람들이 상대가 어떻게 생각할까를 두려워해 자신의 속내를 감추고 산다. 자신의 약점을 드러냈다가는 언제 어디서 공격을 받을지 모르니 하소연을 할 수도 없다. 가슴에 품고 있는 응어리를 털어놓고 나면 좀 후련할 텐데 받아줄 상대가 마땅치 않으니 그마저도 쉽지 않다. 마음 터놓을 수 있는 친구에게 죽는소리라도 하고 나면 좀 시원해질 텐데 비명을 참고 살려니 그야말로 죽을 지경이다.

딱 한 잔만 하자던 처음 약속과는 달리 종업원이 여러 차례 오고 갔다. 술은 술술 넘어가고 해가 기우는 저녁나절이 되도록 수덕사 앞 음식점에서 우리는 서로서로 죽는소리만 했다. 그렇게 푸념이라도 풀어놓고 나면 헤어져서도 한동안 가벼운 마음으로 살 수 있으리라. 흉허물을 털어놔도 부끄럽지 않은 그런 모 닮은 친구가 있어 정말 좋다.

달걀 파는 선생님

도시에서 좀 떨어진 작은 군에서 중학교 선생을 하는 후배를 만났다. 그의 손에는 달걀 한 판이 들려 있었다. 그런데 달걀들이 하나같이 이상하다. 잘못 지은 농사꾼의 농산물처럼 크기가 들쑥날쑥 제각각이다. 언뜻 보아도 작은 놈은 개량종 큰 밤톨만도 못하다. 대형 매장에서 크고 튼실한 달걀만 보아왔던 내 눈에는 후배의 달걀이 지질하기 그지없었다. 그런 달걀은 거저먹으라고 줘도 욕을 얻어먹을 판이다.

"뭔 농살 그렇게 졌냐?"는 내 물음에 후배 하는 대답이 더 걸작이다. 닭을 풀어놓고 먹였더니 힘센 수탉한테 치여 암탉이 얻어먹지를 못해 그렇단다. 그러더니 달걀 한 판에 일만 원씩 받고 판단다. 그러고는 내게도 한 판을 사라고 한다.

그 순간 나를 비웃는 마누라 얼굴이 떠올랐다. 아무리 물정 어두운 내가 생각해도 그건 너무 비싼 가격이었다. '특란'이나 '왕란'이라고 붙여놓은 가장 상품성 좋은 달걀도 후배가 가져온 비루먹은 달걀의 반값이면 살 수 있을 것 같았다. 달걀의 비싼 가격도 그렇지만 형편없는 모양새만으로도 마누라의 비웃음을 살 것이 분명했다. 하기야 물정도 모르면서 덜컥 물건을 샀다가 마누라로부터 핀잔을 들은 것이 어디 한두 번인가. 그것보다도 나는 후배가 달걀을 팔아 무엇을 하려고 그러는지가 더 궁금했다.

후배는 교직생활 이십 년이 다 되어가는 중견 선생이었다. 그 정도면 달걀을 팔아 생활에 보태야 할 정도로 박봉은 아닐 터였다. 더구나 상품성도 없는 물건을 선배에게 강매하는 이유가 의문스러웠다. 그리고 아이들을 가르치는 선생이 닭은 언제, 어디서 키워 달걀을 가져온 것인지도 궁금했다.

후배가 닭을 키우기 시작한 것은 지금의 학교로 출근한 지 얼마 지나지 않아서였다고 한다. 학교가 있는 곳이 군소 도시이기도 했지만 부임해 학교에 가보니 여러모로 교육 환경이 열악하더란다. 뿐만 아니라 가정환경 또한 어린 학생들이 감당해 내기 어려울 정도로 불우하더라는 것이었다. 결손가정도 허다하고 조손가정에다 소년·소녀 가장까지 불우한 처지에 빠진 학생들이 너무나 많더란다. 특히 후배를 가슴 아리게 만든 것은 학생들이 매사에 의욕도 없고 전혀 꿈도 없더라는 것이었다. 여느 아이들 같으면 천방지축 게임이나 하며 말썽이나 부릴 나이인데 일찍부터 생활고에 찌들어 하루하루를 보내는 것이 줄 타듯 힘드니 미래는 생각할 겨를도 없겠다는 생각이 들더란다.

그래서 고심 끝에 학교 건물 뒤 동산 한쪽 귀퉁이에 울타리를 치고 학생들과 닭을 길러보기로 했단다. 혹여 학생들이 닭을 돌보며 애정을 쏟다 보면 애틋한 감정도 생겨나고 그것이 발판이 되어 집이나 학교생활에서도 의욕을 보이게 된다면 좋은 교육 방법이겠다는 생각에서였단다. 그래서 학생들과 함께 닭장도 만들고, 장에 가 병아리도 사 오고 사료도 사와 기르기 시작했다고 한다. 지금도 병아리를 들여다보며 모이를 주던 학생들 표정과 자기들이 키운 닭이 첨으로 알을 낳았을 때 신기해하던 모습이 잊어지지 않는다고 했다. 그렇게 시작한 일이 이젠 매년 삼십여 명의 학생에게 많지는 않지만 장학금을 지급해 줄 정도로 양계 사업(?)이 자리를 잡았다고 한다. 지금은 학생들이 당번을 정해 모이도 주고 청소도 해주며 자율적으로 운영하고 있단다. 무엇보다도 기쁜 것은 피동적이고 삭막했던 아이들이 닭을 돌보며 적극적이고 붙임성 있는 성격으로 변해가고 있다는 것이다.

학생들이 직접 키워 생산한 수정란이니 맛있게 드시란다. 볼품은 없지만 요즘 양계장에서 대량으로 생산되는 무정란과는 비교가 되지 않을 정도로 맛이 좋단다. 생산되는 양이 많지 않아 동료 교직원들에게만 나눠주고 장학금 명목으로 약간의 돈을 받는단다. 그리고 학생들에게 도움 준 고마운 분들께도 정표로 드린다고 했다. 얼마 전 후배 학교에 특강을 갔었는데 그에 대한 답례인 것 같았다. 그러면서 이번에 잠시 학교를 떠나 교육행정 쪽에서 일을 하게 될 것 같다고 한다. 전교조 활동을 하고 있는 후배의 반대쪽에 있는 사람들 공격이 만만치 않은가 보다. 후배는 여러모로 심경이 복잡해 보였다.

나도 개인적으로는 그 후배가 교육현장에 남아 직접 아이들과 생활했으면 하는 마음이다. 선생은 모름지기 제자를 길러야 한다. 어떤 상황이든 선생이 교육현장을 떠난다면 직분에 소홀해질 수밖에 없다. 그러나 못생기고 비루먹은 달걀을 팔아 학생들에게 꿈을 심어주는 선생이라면, 그가 어느 곳에 속해 있든지 어디에 가 있든지 아이들을 중심에 두고 사랑하리란 것을 의심치 않는다. 그리고 그런 선생의 정성을 받은 아이들은 수정란처럼 건강하고 알차게 자라날 것이라 확신한다.

후배 주머니에 비루먹은 달걀 값을 억지로 구겨 넣어주고 헤어지며, 나는 그가 닭을 키우던 초심을 잃지 않기를 바라고 또 바랐다.

매봉산을 오르다가

우리 집에서 조금만 가면 야트막한 매봉산이 있다. 산은 산이지만 평지에 서있는 아파트보다도 낮은 동산이다. 처음 이곳으로 이사 왔을 때만 해도 창문을 열면 매봉산 줄기가 한눈에 들어왔다. 그러나 이제는 창문을 열고 까치발을 딛고 서서도 더 이상 매봉산을 볼 수 없다. 몇 년 사이에 집 앞에 하늘을 찌를 듯 고층 아파트가 들어찼기 때문이다.

산은 작아도 있을 건 다 있다. 절도 있고 약수터도 있고 공원도 있고 전망대도 있다. 꼭대기에 있는 전망대에서는 구시가지와 신시가지를 관망할 수 있다. 매봉산에서 무엇보다도 내가 좋아하는 곳은 숲속으로 난 오솔길이다. 그래서 때때로 매봉산을 찾아 숲길을 걸으며 이런저런 생각에 잠기곤 한다.

오늘 오후, 모처럼만에 느긋한 마음으로 매봉산으로 향했다. 그동안 골머리를 쥐어짜며 두어 달 매달려 있던 원고를 탈고하고 나니 날아갈 것처럼 마음이 가벼웠다. 이제껏 해왔던 일이고, 앞으로도 평생 해야 할 일인데도 매번 원고를 쓸 때마다 중압감이 너무 심하다. 그러다 보니 원고를 끝내면 너무나 시원해 마음까지 들뜬다. 세상에는 장인도 많고 달인도 많은데 나는 어찌해서 시간이 갈수록 글 한 줄

쓰는 것이 점점 어려워지기만 하는지 답답할 뿐이다. 혹시 재주도 없으면서 억지 글을 쓰기 때문은 아닌지 스스로 자책하며 집을 나섰다.

우리 동네는 구도심과 신시가지 사이에 끼어있는 오래된 마을이다 보니 궁기 덕지덕지한 집이 밀집되어 있다. 눈을 씻고 봐도 번듯한 집이라고는 찾아볼 수 없다. 연세 지긋한 동네 어르신들의 말을 빌면 전쟁통에 내려왔던 피란민들이 얼기설기 집을 짓고 살던 곳이라 피난촌이라고도 불렀다 한다. 이렇게 낙후된 지역이다 보니 진작부터 젊은이들은 신시가지 아파트 단지로 떠나갔고, 동네에는 노인들만 남아 있다. 게다가 몇 년 전부터 재개발 바람이 불며 동네는 빈집들이 늘어나며 더욱 황폐해졌다. 우리 집에서 매봉산 입구까지 가려면 미로처럼 복잡한 골목을 여러 개 지나가야 한다. 벌써 십수 년을 다닌 나도 어떤 날은 골목을 잘못 들어가 헤매기 일쑤일 정도로 거미줄 같다.

오늘 오후에도 한 사람이 겨우 지나갈 수 있는 골목을 빠져나가며 골목을 가로지를 때마다 사방을 살피며 매봉산으로 가는 길을 가늠해야 했다. 그러다 효자문 언저리 어디쯤 골목길에서 어떤 할머니를 만났다. 물기라고는 전혀 없이 바싹 말라버린 할머니가 골목 귀퉁이에 쪼그리고 앉아 해바라기를 하고 있었다. 얼굴과 몸에서 살이라곤 찾아볼 수 없을 정도로 앙상하게 살이 빠진 할머니였다. 한 줌도 안 돼 보이는 할머니는 앉아있는 것조차 힘에 부쳐 보였다. 내 눈에 할머니는 앉아있는 것이 아니라 지탱할 힘도 없어 찌부러진 채 땅바닥에 찰싹 달라붙어있는 것처럼 보였다. 할머니의 퀭한 눈과 나의 눈이 마주쳤다. 그런데 할머니가 내게 무슨 말을 하는 것 같았다. 순간, 모른 척 그냥 지나가버릴까 생각했다. 그러다 곧 생각을 고쳐먹고 할머니 얼굴에 귀를 댔다.

"나 좀 데려다줘!"

할머니 목소리에 하도 힘이 없어 처음에는 잘 알아듣지 못했다. 몇 번을 재차 물어본 다음에야 할머니의 말뜻을 알 수 있었다. 나는 또 다시 저 할머니의 부탁을 들어줘야 하나 하고 잠시 망설였다. 그러나 노인네의 간절한 눈빛을 보니 그냥 모른 척 지나칠 수는 없었다. 후미진 골목이라 오가는 사람도 뜸한 곳이었다. 주변에도 맨 빈집들이라 내가 그냥 가버리면 할머니는 또 언제까지나 건천에서 그렇게 웅크리고 있어야 할지 모를 일이었다.

"업히세요!"

내가 등을 들이댔지만 할머니는 까부라져 일어설 힘도 없었다. 하는 수 없이 할머니를 안았다. 순간 나는 숨이 '칵' 막혔다. 할머니 몸에서 찌들 대로 찌든 아주 역한 냄새가 났기 때문이었다. 난생처음 맡아본 고약한 냄새였다. 나는 당장이라도 할머니를 골목에 내려놓고 도망치고 싶었다. 할머니 집은 막다른 골목 끝에 있었다. 돌보는 사람이 없는지 마당은 망초대가 수북했다. 집안을 들여다보지 않아도 할머니가 어떤 상태인지는 짐작 가고도 남음이 있었다. 빈집이나 다름없이 썰렁한 마루에 할머니를 내려놓고 매봉산으로 향했다.

할머니는 별이 그리웠던 것이 아니라 사람이 그리워 사람 구경을 하려고 골목까지 나왔다가 다리에 힘이 빠져 돌아가지 못하고 있었던 것은 아니었을까? 매봉산 오솔길을 걸으면서도 내 몸에 밴 할머니 냄새가 풍겨와 전혀 상쾌함을 느낄 수 없었다. 탈고도 하고 가벼운 마음으로 향했던 산보가 할머니로 인해 엉망이 되었다. 집으로 돌아와 샤워를 해도 콧속에 박힌 체취는 사라지지 않았다.

할머니가 측은해 모셔다드리기는 했지만 진정성 없는 내 마음에 회의가 들었다. 내 가슴속에서 일어나는 두 마음이 가식처럼 느껴졌다. 마음이 그러면 아무리 공덕을 쌓아도 헛 공양일 뿐이다. 그러면서도 마음 한쪽에서는 '그래도, 그래도'란 자위의 마음이 자꾸만 떠올랐다.

좌구산 황 장군

좌구산 황 장군을 만났다. 우리가 만난 지도 그새 삼십여 년이 훌쩍 넘었다. 그때는 그가 장군이 아니라 대학 새내기였다. 조그마한 키에 동그란 얼굴, 커다란 눈망울이 첫눈에도 퍽 온순해 보였었다. 그는 법대를 다녔고, 나는 국문과를 다녔다. 나는 그를 문학회 후배로 만났다. 같이 대학을 다니다가 군대를 갔다 와 복학했고, 졸업을 하며 우리는 헤어졌다.

한동안 소식이 끊겼던 우리가 다시 만난 것은 아들의 유치원 졸업식장에서였다. 그도 딸아이의 졸업식에 왔다고 했다. 아마 그는 그때 주류도매상을 하고 있다고 했던 것 같다. 지금도 기억에 남는 것은 그날 딸아이 이야기를 하며 눈물이 그렁그렁했던 그의 모습이다. 그럴 정도로 감성이 풍부한 그였다. 그리고 그날 이후 또 소식이 끊겼다. 그러다 다시 그를 본 것은 텔레비전 뉴스 시간이었다. 아파트 재건축에 관여해 주민대표를 하다 반대파로부터 폭행을 당해 병원에 입원한 모습이 텔레비전에 나온 것이었다. 그 이후 오랫동안 그의 소식을 알 수 없었다. 나도 그를 까맣게 잊고 지낼 정도로 많은 세월이 흘렀다.

그러다 다시 그를 만난 것은 작년 여름 무렵이었다. 우연히, 정말로 우연히도 술집에서 그를 만났다. 그동안 그는 장군이 되어 있었다. 그가 장군이 되다니… 뜻밖이었다. 우리는 그날 술을 많이 마셨다. 물어볼 것도 많았지만 쉽사리 물어볼 수가 없었다. 아무 말도 없이 그저 술만 마셨다. 세월만 갔을 뿐 이전과 특별히 달라진 것도 없는데 장군이 되었다는 그의 말이 우리 둘 사이를 어색하게 만들었다. 한편으로는 그에게서 어떤 경외심이 느껴지기도 했다. 오랜만에 만난 그날, 우리들의 만남은 그렇게 끝났다.

그날 이후 나는 황 장군을 자주 만났다. 그에게서 먼저 연락이 온 것이 아니라 매번 내가 먼저 만나자고 전화를 했다. 내가 그를 만나러 간다고 하면 아내는 매번 복 조르듯 졸랐다. 그것은 매번 똑같은 주문이었다. 앞으로 우리가 어떻게 살게 될 것인가에 대해 물어보고 오라는 말이었다. 직설적으로 말하자면 돈 많이 벌고 편안하게 살 수 있겠는가를 알아보라는 분부셨다. 그러나 나는 단 한 번도 황 장군에게 미래에 대해 물어보지 않았다. 평소 나는 운명에 대해 필연도 우연도 아니라고 생각해왔다. 때로는 필연이 때로는 우연이 서로 교차하며 상황에 따라 결과에 영향을 미치는 것이라고 확신해왔다. 따라서 자신의 노력 여하에 따라 어느 정도는 궤도 수정이 가능하다고 믿어왔다. 제 팔자 제 자신이 개척하는 것 아니겠는가. 그러니 물어볼 것도 없었다. 그렇게 황 장군을 만나고 빈손으로 돌아올 때마다 아내는 무척 아쉬워하곤 했다.

그러던 어느 날 밤 열시가 다 된 시간에 술이나 한잔하자며 황 장군에게서 전화가 왔다. 매번 내가 먼저 전화를 했었지 황 장군이 먼저 전화를 건 것은 그날이 처음이었다. 무슨 일인가 싶어 서둘러 채비를 하고 집을 나섰다. 그런 내 등 뒤에다 대고 아내가 말했다.

"오늘은 꼭 물어보고 와!"

황 장군은 신당이 있는 인근 술집에 혼자 앉아 있었다. 초저녁부터 마셨는지 이미 잔뜩 취했음이 얼굴에 그대로 드러나 있었다. 무슨 일이냐고 묻는 내게 황 장군은 왜 이렇게 살기가 팍팍한지 모르겠다며 푸념부터 쏟아놓았다. 대학졸업 후 하는 사업마다 실패를 하다 보니 마누라만 고생시켰다며 자책했다. 가장이면서도 아이들 뒷바라지를 제대로 해주지 못해 다른 집 아이들처럼 알뜰하게 챙겨주지도 못했다며 한탄했다. 벌겋게 충혈된 황 장군의 눈에 눈물이 그렁그렁했다. 오래전 유치원 졸업식에서 딸아이 이야기를 하며 보였던 그 눈빛이었다.

대학 졸업 후 신기(神氣)를 느꼈는데 처음에는 거부했다고 한다. 평범하게 살고 싶어서였다. 그래서 결혼도 하고 아이도 낳으며 어떻게든 행복한 가정을 꾸며보려고 했다. 그런데 하는 일마다 신통치 않았다. 결국 좌구산에서 신내림굿을 받았다. 그래서 신할아버지를 모시게 되었는데 그건 마음의 세계고 현실은 달랐다. 궁금한 게 있어도 사람들은 남자 무당인 박수보다 여자 무당인 만신을 찾으니 손님이 없다는 것이었다. 또 예전처럼 굿도 줄어 일이 거의 없다고 했다. 당장 앞가림조차 힘에 겨우니 앞날에 대한 희망은 품을 수도 없다며 황 장군은 낙담했다. 나는 황 장군에게 무슨 말을 해줘야 할지 막막했다. 무슨 말을 하면 황 장군의 답답한 가슴을 시원하게 만들 수 있을지 고민했다. 하지만 묘안이 없었다. 그러다 문득 주객이 전도된 것이 아닌가 하는 생각이 들었다. 내가 하소연을 하고 황 장군이 나를 편안하게 만들어주는 게 순리가 아닌가.

그날 술집에서 나온 우리는 더 마시기 위해 동네 편의점에서 술을 사가지고 황 장군네 신당으로 갔다. 황 장군은 술상을 보기 위해 주방으로 들어가고 나는 머리와 수염이 허연 할아버지를 모신 단 아래 엎드려 절을 했다.

'신할아버지! 우리 황 장군한테 손님이 문전성시를 이뤄 돈 걱정 안 하게 해주시우!'

누가 누구를 빌어줘야 하는지 알 수 없었지만, 아무라도 우선 급한 놈부터 빌어주는 게 옳을 듯싶었다.

우리 동네 일남이

저녁나절에 그동안 미루고 미뤄오던 창고를 정리하였다. 천성이 꿈지럭거리는 것을 싫어하기는 하지만 그렇다고 게으르다는 소리는 듣지 않는 편이었다. 그런데도 조금만 미루다 보면 집안 곳곳이 쓰레기였다. 그저 두 식구 하루 세끼 밥만 먹고살면 그뿐인데 뭐가 그리도 필요한 것들이 많은지 며칠만 지나도 쌓이는 것은 허섭스레기다. 사람은 살며 쓰레기만 만들어 내는가 보다.

창고에 뒤죽박죽 방치해두었던 것들을 모두 들어냈다. 금방 마당이 고물상으로 변했다. 우선 재활용할 것과 버릴 것부터 분류했다. 그리고 빈병과 종이상자는 따로 한편에 모아두었다. 옆집 할머니는 재활용품을 줍기 위해 동네 곳곳을 돌아다니신다. 나는 몇 년 전부터 우리 집에서 나오는 재활용품을 모아두었다가 옆집 할머니께 가져다 드리곤 했다. 그것이 미안해서인지 그때마다 할머니는 쓰레기봉투를 한 장씩 주셨다. 비록 몇백 원이지만 쓰레기봉투 한 장도 할머니께는 요긴할 터라 사양해도 소용이 없었다.

이제 따로따로 모아놓은 재활용품은 할머니 집으로, 못 쓰는 쓰레기는 수거차가 다니는 길가로 내놓기만 하면 된다. 재활용품부터 한 아름씩 안고 몇 차례 옆집 할머니 대문간을 드나들었다.

"엉아! 일루 와봐!"

그때 우리 집 대문 맞은편 골목에서 일남이가 손짓을 했다.

일남이는 천사다. 천사도 일남이만큼 착하지는 않을 것 같다. 천사는 깨끗한 일만 하지만 일남이는 우리 동네 온갖 궂은일을 도맡아 하는 상일꾼이다. 그것도 벌써 수십 년째다. 일남이는 우리 동네 어귀인 만인하이퍼 앞 길가에 앉아 있다가 무거운 물건을 들고 오는 어른이 보이면 쫓아가 집까지 들어다 주기도 하고, 쌩쌩 달리는 자동차 때문에 도로를 건너지 못하고 쩔쩔 매는 아이들을 건네주기도 한다.

하도 오래된 일이라 기억조차 가물가물해졌지만 내가 일남이를 처음 본 것은 우리 동네 바람꽃이용원에서였다. 일남이는 거기에서 머리 감기는 일을 했다. 그게 아마도 내가 스무 살 안팎 무렵이 아니었을까 한다. 군대를 갔다 오고 학교를 졸업하고 사회 진출까지 십여 년이 훌쩍 지났다. 그러는 사이 일남이도 건장한 청년이 되었지만 그때까지도 일남이는 오로지 손님들 머리 감기는 일만 하고 있었다. 그 정도 세월이 흘렀다면 보통은 이발 기술자가 되었거나 자기 사업장을 차려 독립도 했을 시간이었다. 일남이는 단순한 일 외에 재주가 필요한 일은 배울 수 없는 사람이었다. 일남이는 지적장애자이다.

"바쁜데 왜 그려?"

일남이가 부르는 소리에 짜증을 내며 다가갔다. 일남이 귀밑에도 어느덧 새치 아닌 흰머리가 희끗희끗했다.

"그게 아니고…… 엉아, 그거 나 줘!"

잠시 머뭇거리던 일남이가 주변을 살피며 속삭였다. 그걸 갖다 뭘 하려고 그러냐는 내 물음에 집에 가져가 모아놓았다가 팔려고 그런

단다. 순간 나는 머리를 스쳐가는 전율을 느꼈다. 내가 알고 있던 예전의 일남이가 아니었기 때문이었다.

우리 동네 일남이가 변했다. 스스로 일을 찾아 하지는 못하지만 사람들이 시키는 일은 꾀부릴 줄 모르고 성심을 다했던 일남이다. 게다가 힘이 항우장사였다. 그래서 힘쓰는 일이라면 동네 사람들은 일남이를 불렀다. 땀을 뻘뻘 흘리면서도 힘든 내색 하나 없이 온 힘을 쏟아 일을 해냈다. 사람들은 그런 일남이가 고맙기도 하고 안쓰러워 음료수나 빵을 주었다. 일남이도 그것이면 그만이었다. 그랬던 일남이가 돈을 알게 된 것은 사람들이 노동의 대가로 몇천 원씩 손에 쥐여 준 것이 계기가 되었다. 일남이는 일을 하고 받은 돈으로 가게에 들어가 자기가 원하는 물건을 샀다. 이제껏 사람들이 주는 대로 먹다 자기 마음에 드는 것을 골라 먹게 되었다. 그런 경험을 통해 어렴풋 돈의 위력을 알기 시작했다. 그때부터 일남이는 사람들이 주는 음식 대신 돈을 요구했다. 그리고 점점 발전하여 임금협상(?)까지 벌였다. 때때로 일남이는 우리 동네 달걀 도매점에서 일을 한다. 대형 트럭에 산더미처럼 실은 달걀이 들어올 때면 사장은 언제나 힘 좋은 일남이를 불렀다. 트럭에서 내려 점포 안으로 옮겨 쌓는 일이었다. 무거운 데다 깨지기 쉬운 달걀을 다루는 일은 다른 일에 비해 몇 배의 품과 신경이 쓰이는 작업이었다. 게다가 장정 두서넛이 있어도 버거운 일을 언제나 일남이 혼자 쉬지도 못하고 하루 종일 달걀판을 옮겼다. 그렇게 죽을힘을 쏟고 받는 일남이의 일당은 만 원이었다. 그것을 보다 못한 동네 사람들이 "아무리 바보라도 너무 한 거 아녀?"라며 달걀 집 사장을 질타했고, 일남이에게 파업을 부추겨 일당이 이만 원으로 인상되었다.

"일남아, 이거 팔아서 뭐 할려구 그래?"

"돈 있으면 할 거 많어!"

내 물음에 대한 일남이의 대답이 압권이다. 일남이도 어느새 돈의 위력을 알았나 보다.

"엉아, 담부턴 날 먼저 불러. 알었지?"

마치 옆집 할머니가 듣기라도 할까 봐 걱정이 되는지 나직하게 말했다. 그러고는 할머니에게 주지 말고 자기부터 부르라며 청탁까지 한다. 돈의 위력에다 경쟁자를 따돌리는 방법까지 습득하고 있었다. 그렇게 천사 같던 우리 동네 일남이도 자본주의의 거센 물결을 피할 수는 없었는가 보다.

육거리시장에 가면

한가한 휴일, 정오가 조금 넘어 모처럼 만에 육거리시장에 갔다. 집과 그리 멀지 않은 육거리시장을 산보 삼아 자주 갔었지만, 무슨 일이 그렇게 바빴는지 한동안 발걸음을 하지 못했다. 시장에 간다는 말에 가까운 친구들은 "노인도 아니고 뭔 시장이여?"라며 칠색팔색 한다. 그런 말을 들으면 스스로 구시대 유물 같은 생각이 들기도 한다. 그래도 나는 육거리시장이 좋다.

우선 시장통부터 한 바퀴 휘돌아보고 아내의 분부를 받들기 위해 코다리 파는 난전으로 갔다. 아내 역시 재래시장보다는 마트를 선호하는 편이지만 어떤 물건은 육거리시장이 좋다며 난전을 자주 이용한다. 시장통 가판대에서 코다리를 파는 일흔쯤 된 아저씨는 그래서 나도 알게 된 상인이다. 난전에는 코다리만 있고 아저씨가 없다. 올 때마다 난전은 비어있을 때가 더 많다. 또 어디로 간 모양이다. 아저씨는 장사를 처삼촌 벌초하듯 한다. 남들처럼 수북하게 물건을 쌓아놓거나 가지런하게 진열해놓지도 않았다. 아저씨는 장사에 관심이 없는 것처럼 보이기도 한다. 언뜻 보아도 열 묶음도 되지 않는 코다리만 가판대 위에 어지럽게 널려있다. 발길을 돌렸다.

주말 오후라 그런지 시장통이 붐빈다. 사람들은 시장에 가면 마음이 풍성해져서 좋다고 한다. 어떤 사람들은 생활에 활력을 느끼게 해 주어서 좋다고 한다. 나 역시 그 두 가지가 좋아 시장을 찾는다. 그런데 나는 그 두 가지에 한 가지를 더 보태고 싶다. 그것은 무질서다. 나는 무질서한 시장이 좋다. 그 무질서함 속에서 편안함을 느끼기 때문이다. 대형마트는 너무 획일적이다. 사방팔방으로 똑같게 구획 지어진 매장, 진열장마다 한 치의 흐트러짐 없이 정렬된 물건들, 사방무늬처럼 열 지어진 조명들이 숨을 막히게 한다. 무엇보다도 내가 대형 매장에서 느끼는 가장 큰 편편찮음은 직원들 모습이다. 그들은 똑같은 제복을 입고 바른 자세로 서서 기계처럼 손님을 맞이한다. 그렇게 하는 것이 손님을 대하는 최선이라고 생각할지 모르겠지만, 너무 반듯해서 인간적인 정을 느끼기에는 무리가 있다. 육거리시장 코다리 아저씨와 달리 그들은 일과가 끝나기 전까지는 앉을 수도 자리를 비울 수도 없다.

내 몸이, 내 마음이 편해야 남도 배려할 여유가 생긴다. 집주인 표정이 밝아야 찾아오는 객도 편안한 법이다. 대형마트에 가면 모두들 서있으니 앉아있을 곳이 없다. 그것에 비하면 육거리시장은 주인과 손님 모두가 자유롭다. 그러다 보니 난전에서는 사고파는 물건과는 상관도 없는 잡담을 주고받는 것이 다반사다. 연세는 어떻게 되셨냐, 아들딸은 몇이나 두셨냐, 힘들지는 않느냐며 장바닥에 쪼그리고 앉아 사사로운 정담을 나눌 수도 있다. 대형마트에서는 엄두도 내지 못할 일이다. 대형마트에서는 구매도 하지 않으면서 어슬렁거리고 돌아다니면 눈치가 보이지만, 시장통에서는 아무리 어정거리며 배회해도 눈치 볼 일이 없다. 대형마트는 주인이 따로 있지만 재래시장시장통은 물건을 사고파는 장꾼 모두가 주인이다. 그러니 시장통을 온종일 돌아다니든, 그러다 점포나 난전 상인들과 연거푸 눈이 마주쳐도 미안할 일이 전혀 없다.

육거리시장통을 또 한 바퀴 돌고 난전 앞으로 갔는데 여전히 코다리 아저씨는 보이지 않는다. 은근히 부아가 치밀어 올랐다. 코다리를 파는 곳은 여기 말고도 시장 곳곳에 있다. 갈등이 일었지만 그동안의 정리를 생각하며 근처 보리밥집으로 갔다. 낙상해 팔을 분질렀다는 보리밥집 할머니는 밥을 먹는 내내 시시콜콜한 얘기를 캐물었다. 그렇게 한 끼 때우고 느긋한 걸음으로 세 번째 행보를 했다.

손님이 몇 번이나 헛걸음을 했는지 알기나 하는지 "어디 갔다 오셨어요?"라고 묻는 내게, 아저씨는 "즘심 먹으러 갔다가 전국노래자랑이 하도 재미나서 끝까지 보고 오느라 늦었다."며 대수롭지도 않게 말한다. 그러다가 단골손님 다 놓친다는 내 지청구에 "뭐 그렇게 아등바등헌디야! 이래 살든 저래 살든 해 넘어가야 하루 간다."며 외려 내게 일침을 놓는다. 누가 객인지 누가 주인인지 알 수가 없다. 내가 주문한 코다리를 다듬으면서도 아저씨는 전혀 서두르지 않는다. 칼로 코다리 대가리를 쳐내고, 가위로 일일이 등과 배지느러미를 떼어내고, 칼로 내리쳐 먹기 좋은 크기로 토막을 냈다. 그러고는 토막 하나하나를 살피며 불순물을 제거했다. 코다리만 삼십 년이 넘도록 다듬었다는 아저씨 솜씨에서 그 정도의 연륜은 묻어나지 않는다. 코다리를 손질하는 아저씨 손을 보고 있노라니 느린 화면을 보는 것 같다. 성질 급한 손님은 숨넘어갈 지경이다.

내가 육거리시장으로 향하는 특별한 이유는 없다. 때가 정해져 있는 것도 아니다. 다만 일상에 쫓겨 마음에 여유가 없을 때나 이유도 알 수 없이 삶에 회의가 들거나 미래에 대한 불안감으로 조급한 마음이 들 때 육거리시장을 간다. 그리고 시장통을 돌아다니며 제각각 살아가는 다양한 사람들의 모습을 보며 반성도 하고 위안도 얻는다. 그러고 나면 긴장되고 메말랐던 마음이 스르르 풀리며 여유가 생긴다. 육거리시장을 한 바퀴 돌고 나면 마음이 편안해지며 여유로워진다.

육거리시장은 내 마음의 병이 깊어지지 않도록 해주는 치유의 공간이다. 그래서 나는 자주 육거리시장을 간다.

새벽시장에 갔다가

새벽장 구경도 재밌다. 낮에 서는 장도 재미있지만, 새벽장은 나름대로 또 다른 맛이 있다. 딱히 꼬집어 구분되는 것은 아니지만, 낮장에 비해 새벽장이 훨씬 생동감 넘치고 활기차다. 낮장이 잡은 지 며칠 지난 늘어진 생선이라면, 새벽장은 방금 건져 올려 파닥파닥 튀는 물고기 같다. 그것을 느끼려고 새벽장에 간다.

시골에 가보지 않아도 장에만 가면 제철을 가늠할 수 있다. 요즘은 복숭아와 포도가 제철 과일이다. 새벽장이고 낮장이고 상점마다 난전마다 복숭아와 포도가 지천이다. 보기만 해도 푸근하고 든든하다. 그리고 과일을 보면 저마다 숱한 사연들이 들어있다. '저 과일은 누가 처음 사 왔었고, 저 과일은 누가 좋아하지.' 하고 떠오르는 사람이 있다. 그쯤 되면 그 앞을 쉽게 지나칠 수 없다.

아주 오래전 우리 집도 시골에서 복숭아 과수원을 했었다. 세상에 사람 손 가지 않고 되는 일이 있을까마는 농사 역시 하나에서 열까지 사람 손을 타지 않고는 되지 않는 일이다. 특히 과수원 일은 사시사철 손이 많이 가는 농사다. 지금이야 자재들이 잘 나와 있지만 그때만 해도 집에서 대부분 만들어 썼다. 특히 봉투 접는 일이 그랬다. 방학이 되면 겨우내 폐신문을 잘라 일일이 풀칠을 해 복숭아 씌울 봉투를 만들어야 했고, 여름에는 내내 원두막을 지켜야 했다. 방학이 되어 고향엘 가도 친구들과 썰매를 타러 냇가에 가거나 헤엄을 치러 물가에 갈 수 없었다. 모르는 사람들은 낭만적으로 과수원을 상상할지 모르겠지만 내게는 친구들과 놀지도 못하게 만든 원흉(?)일 뿐이었다. 지금이야 기억 저 너머로 아스라하게 사라져버렸지만 오랫동안 나는, 나를 힘들게 한 복숭아에 대한 기억이 별로 좋지 않았었다. 그러나 이제는 제철이 되어 탐스러운 복숭아가 나올 때쯤이면 그 시절이 조금씩 그리워지기도 하고 먹고 싶은 생각이 들기도 한다.

새벽장은 규모가 크다. 곳곳에 물건 더미가 쌓여있다. 그래서 대체로 장사꾼들이나 음식점을 운영하는 사람들이 주된 고객이다. 대량으로 거래하다 보니 그들은 자동차로 장을 본다. 낮장에 비해 새벽장 상인들은 목통도 크다. 악다구니하는 것만 봐도 기가 꺾인다. 그래도 그들을 보면 활력이 솟는다. 화끈하고 통 큰 도매상을 만나면 덤이 더 많을 때도 있다. 다른 농산물도 그렇지만 특히 과일은 욕심낼 필요가 없다. 싸다고 많이 사 와야 먹을 입이 정해져 있으니 냉장고에 들어갔다가 버리는 것이 더 많다. 그렇게 되면 싼 게 아니라 외려 비싼 셈이다. 자주 장에 가는 경험의 소산이다.

낮장이 제대로 서려면 새벽장이 끝나고도 아침 새참 무렵까지는 기다려야 한다. 북적거리는 장구경도 좋지만 장이 서기까지 장사꾼들이 장사 준비하는 것을 구경하는 것도 재미있다. 재래시장에 진열된 물건들을 보면 무질서하고 거칠기 그지없지만 상인들이 준비하는 과정을 찬찬히 살펴보면 상당히 체계적이고 계획적이다. 아무렇게나

막 놓아둔 것처럼 보이지만 손님들의 시선, 자신의 동선까지 고려한 아주 경제적이고 효율적인 배치인 것이다. 이러거나 저러거나 장구경의 최고 즐거움은 물건 사는 일이 아닐까 한다.

제철이고 올해 처음 맛보는 복숭아를 사기로 했다. 물건 볼 줄 모르면 번듯하고 풍성하게 진열된 상점을 가든지 비싼 물건을 사라고 아내는 누누이 말했지만 나는 싸고 많이 주는 것이 좋다. 상점을 지나 난전으로 갔다. 여든은 족히 넘어 보이는 할머니가 일찍부터 난전을 펼쳐놓고 있었다. 가판대 위에 줄줄이 열을 맞춰놓은 바구니마다 복스럽고 튼실한 복숭아가 먹음직스럽다. 내가 맛있느냐고 물었고, 할머니는 당근 맛있다고 대답한다. 그리고 다시 싱싱하냐고 물었고, 할머니는 오늘 새벽에 떼 온 물건이라고 한다. 나는 바구니 중에서 가장 좋아 보이는 복숭아를 가리키며 마지막으로 조심스럽게 물었다.

"만져 봐도 돼요?"

"그럼!"

할머니가 쾌히 승낙했다.

내가 복숭아를 직접 손으로 만져보며 확인했다. 할머니의 말대로 새벽장 물건이라 그런지 딱딱하고 싱싱했다. 할머니는 내가 고른 과일 바구니를 검은 봉지 안에 주르르 부었다. 그러고는 옆에 있는 복숭아까지 덤으로 주셨다. 나는 흡족한 마음으로 봉지를 들고 아내에게 칭찬받을 생각을 하며 집으로 돌아왔다.

그런데 이게 웬일인가? 집으로 돌아와 봉지를 쏟아놓고 보니 내가 보았던 튼실하고 싱싱한 과일이 아니었다. 크기도 제각각인데다 언제 땄는지 비들비들 시든 놈에다 몇 개는 골아 썩어있기까지 했다.

속에서 부아가 치밀어 올랐다. 당장 과일 봉지를 들고 장으로 달려가 할머니 눈앞에 내동댕이치고 싶었다. 무슨 이유에서인지는 몰라도 젊은 상인들보다 연세든 할머니들이 나를 더 많이 속였다. 그래서 절대 할머니들에게는 물건을 사지 않겠다고 다짐을 했었는데 또 당하고 말았다. 이제껏 제대로 물건을 사 온 적이 없었다. 할머니들이 항상 내 머리 위에 올라앉아 있기 때문이었다.

"노인이 곱게 늙어야지 그게 뭐야. 이제 다신 늙은이들에게 물건 안 사!"

나를 속인 할머니 얼굴을 떠올리며 욕을 해댔다. 내 볼멘소리에 아내가 한마디를 보탰다.

"그나따나 안사면 물건 보는 눈이 늘겠어?"

그러고 보니 그것도 그랬다. 좋은 물건을 고를 때까지 아직은 좀 더 속아야 할 것 같다. 바구니 아래에 담긴 복숭아까지 세밀하게 살펴보지 못하고 할머니 눈속임에 넘어간 내 잘못이 컸다. 누구를 탓하랴.

바람의 화가 우은정

내가 우은정 화가를 만났던 것은 대학원에서였다. 그러니 십여 년 전이었다. 물론 그전에도 사람들 입을 통해 그 이름을 들어왔던 터였다. 그리고 여성적인 이름에다 그림을 그리는 화가라는 선입관으로 인해 나는 그가 무척 가녀리고 야들야들한 모습의 그림꾼일 것이라 상상해왔었다. 바람으로 치면 봄날 솔솔 부는 솔바람 같다고나 할까.

그런데 나의 기대는 우 화가를 만나는 순간 산산조각이 났다. 허름한 입성에다 전혀 곱상하지 않은 얼굴, 어디 한 곳 잘생긴 구석이 없는 이목구비, 민둥산 머리까지 난 그의 겉모습에 대단히 실망하고 말았다. 모름지기 예술가라면 입을 열지 않아도 뭔가 예술가다운 풍모가 풍겨야 하지 않겠는가. 우 화가에게서 그런 냄새는 전혀 느낄 수 없었다. 게다가 입만 열면 어수선한 수사로 머릿속을 혼란에 빠뜨렸다. 만약 그림에도 논리가 필요하다면 우 화가는 반드시 재수강을 해야 할 판이었다.

그건 내가 이제껏 상상해왔던 화가의 모습이 아니라 눈만 뜨면 우리 동네 어디에서나 쉽게 볼 수 있는 그런 만고강산 노는 형님들의 전형이었다. 우 화가는 이제껏 내가 관념적으로 그려오던 그런 화가의 말끔한 이미지에 금이 가게 했다. 솔솔 부는 솔바람이 아니라 벌판을 달려온 거친 광풍이었다. 한동안 나는 우 화가에게 받은 그런 느낌을 앞세워 그를 그림꾼들 속에서 제외시켰다.

그러고는 가끔 우 화가 화실에 들를 때면 작업장을 들여다보며 "또 빼끼 지랄만 하고 있네."라고 악담을 해댔다. 그래도 그는 그저 빙긋이 웃기만 할 뿐이었다. 그가 그리는 그림의 의도를 알 수 없었다. 그림을 그리는 것은 고사하고 볼 줄도 모르는 나로서는 당연한 것이었다. 그러니 내가 그림에 대해 이야기하는 것은 코끼리를 본 적도 없는 사람들이 제각각 코끼리에 대해 이야기하는 것이나 매한가지였다. 다만 어디서 들은 풍월은 있어 화가들이 쓰는 물감이 매우 비싸다는 사실은 알고 있었다. 내가 '빼끼 지랄'이라고 한 것은 작품성이 아니라 넓은 캔버스를 채워야 하는 물감 값에서 기인한 것이었다. 더구나 우 화가 그림은 커도 너~무나 컸다. 뜨고 있어도 감은 것이나 다름없는 내 눈에는 수작의 대작이 아니라 크기의 대작이었다.

화가의 작품을 물감 값부터 걱정할 정도로 문외한이었던 내가 우 화가의 작업실을 드나들며 점차 그에 대한 생각이 달라지기 시작했다. 외모에서 풍겼던 첫인상, 광풍과는 달리 우 화가의 내면은 따뜻하고 잔잔한 솔바람이었다. 내가 싫어하는 말당이지만 우레를 뚫고 '이제는 돌아와 국화 옆에 선' 그런 사람이 우은정 화가였다. 그러자 그의 그림이 조금씩 보였다. 밤길을 걸으며 지독한 소외, 외로움, 두려움을 느껴본 자가 아니면 절대 흉내 낼 수 없는 유연함이 우 화가의 그림에는 녹아 있었다. 지극한 소통을 겪고 난 다음에야 맛볼 수 있는 절대 고독이 그의 그림 속에는 있다.

이제는 우 화가의 색채 속에서 물감 값이 아니라 묘한 아우라를 느낄 정도로 빠져들었다. 그는 항상 바람을 타고 다닌다. 어느 날은 광풍을, 또 다른 날은 솔바람을 타기도 하며 바람과 더불어 살고 있다. 나는 그것을 안다. 그의 정신이 어떤 바람을 품고 있다는 것을. 그래서 나는 내 정신이 혼탁해질 즈음이면 그의 작가 정신을 차용하기 위해 화실을 찾아간다. 그리고 나의 약한 구석을 보이기 싫어 방어기제를 편다. 그리고 한마디 한다.

"오늘도 또 뺑끼 지랄만 하고 있네!"

그러나 이젠 더 이상 악담이 아니라 찬사의 뜻이 담긴 말이다.

우은정 화가가 전시회를 한단다. 연녹색이 좋은 오월에 대청댐 바람을 끌어들여 절대 고독을 보여주려나 보다. 가난한 화가 우은정이 비싼 물감으로 또 얼마나 지랄을 했는지 대청미술관에 가봐야겠다.

자기 식대로 생각하기

제주도에 갔다. 사흘간 렌터카를 빌려 타고 해안 도로를 따라 한 바퀴를 돌고, 다시 제주시와 서귀포를 오가며 제주도 곳곳을 돌아다녔다. 어디에 있어도 자유롭지만 그래도 집을 나오면 더더욱 자유로워 마음이 가볍다. 마음이 그러하니 차창 밖으로 펼쳐지는 제주도 모든 것이 밝게만 보였다. 기분이 좋으니 저절로 콧노래가 흘러나왔다.

그런데 그런 상쾌한 기분을 일시에 잡치게 하는 일이 생겼다. 그것은 다름 아닌 제주도 사람들의 난폭한 운전 습관이었다. 제주도 이곳저곳을 방문하기 위해 도로에 나서거나 색다른 제주 풍경에 빠져 잠깐 한눈을 팔면 어김없이 끼어들어 식겁하게 만들었다. 입에서는 저절로 쌍소리가 나왔다. 수많은 자동차 중에서 어떻게 제주도 주민의 차가 그러냐고 반문을 하겠지만, 그것을 구별하는 것은 간단했다. 제주도 특성상 관광객이 많은 고로 도로를 달리는 자동차의 태반은 렌터카이고 그런 차들은 모두 'ㅎ'을 초성으로 시작하는 번호판을 달고 있었다. 그러니 제주도 주민들의 차와 관광객이 빌린 차를 확실하게 구분할 수 있었다. 물론 육지에서 자신의 차를 가지고 들어간 관광객도 있겠지만 그런 차는 그리 많지 않을 터였다. 그리고 칼처럼 치고 들어오는 차들은 대부분 짐을 실어 나르는 트럭이었다.

이제는 우리나라 어느 곳을 가도 도로가 반듯하고 시원스럽게 뚫려있다. 고속국도, 국도, 지방도로는 물론하고 시골 벽지까지 말끔하게 포장되어 있다. 섬나라 제주도 역시 마찬가지였다. 예전에는 제주도를 한 바퀴 도는 해안 일주 도로도 군데군데 끊겨 있었고, 제주도를 횡단하는 도로도 한두 개에 불과했던 것으로 기억하고 있다. 물론 아주 오래전 일이다. 그런데 지금은 몇 개가 새로 만들어졌는지 알 수도 없었고, 그와 연계된 도로들이 사방팔방으로 거미줄처럼 이어져 있었다. 초행이 아니어도 길에서 길을 잃을 지경이었다.

그만큼 도로 사정이 좋아졌으니 운전도 편안해야 하는데 그게 아니었다. 육지나 제주도나 난폭한 운전은 조금도 다르지 않았다. 제주공항에 내려 렌터카를 인수받으면서 아름다운 관광 섬이니 느긋하게 운전해도 문제가 없을 것이라 생각했다. 하지만 도로로 나오자마자 그 생각은 흔적도 없이 사라졌다. 제주도 사람들 운전 솜씨가 육지 사람 뺨칠 정도다. 거칠어도 너무 거칠었다. 길도 시원하게 뻗고 자동차 성능도 좋고 내비게이션까지 달려있으니 단속기만 지나면 총알 택시처럼 내달린다. 그중에서도 가슴을 철렁 내려앉게 하는 것은 끼어들기였다. 위험천만이었다. 잠깐 한눈을 팔거나 방심하면 사고로 이어질 것이 불 보듯 뻔했다. 그런데도 좁은 공간을 파고들며 레이서처럼 끼어들었다. 그럴 때마다 머리칼이 쭈뼛 서고 등줄기가 서늘했다. 그러니 운전을 하며 차창 밖으로 바다 풍경을 감상하거나 자연경관을 구경하는 것은 엄두도 내지 못했다. 초행인 객지 사람들은 길도 설은 데다 난폭운전까지 신경 써야 하니 이만저만 고충이 아니었다. 더구나 자기들 고장에 관광하러 온 손님에게 환대는 못할망정 이렇게 푸대접을 해도 되겠느냐며 제주도 사람들을 성토했다.

그러다 어느 순간 어떤 기억이 번뜩 떠올랐다. 수년 전 여름, 큰 산 아래 깊은 계곡으로 여름휴가를 간 적이 있었다. 그다지 이름난 휴양지가 아니었기에 비교적 한적한 곳이었다. 계곡 초입에는 물길을 따라 여러 채의 집들이 옹기종기 모여 있었다. 그런데 집집마다 삽짝에 '피서객 출입 금지'라고 쓴 글씨가 걸려 있었다. 집들 언저리에 있는 텃밭과 손바닥만 한 밭뙈기에도 울타리가 쳐진 채 똑같은 팻말이 걸려 있었다. 나와 친구는 예전 시골 인심을 운운하며 이런 산골까지 각박한 인심이 판을 치니 참으로 걱정이라며 성토했다. 그리고 팻말 걸은 마을 사람들의 야박함을 침 튀기며 질타했다. 그때 옆에 여행 왔던 어떤 사람이 외려 우리를 공박했다.

"남에 동네 놀러 왔으면 피해 주지 말고 조용히 놀다 가면 누가 저러겠어요? 물 좀 떠가겠다며 남의 집에 불쑥불쑥 들어오고, 깜빡 잊고 와서 그런다며 간장 고추장 조금만 달라 하고, 장 끓인다고 남에 밭에 들어가 농작물을 말도 없이 뜯어가니 어쩌겠어요? 놀러 오는 사람은 한 번이겠지만 주민들은 매일처럼 겪어야 하니 성가셔서 어찌 살겠어요? 그러니 주민들 인심 탓만 할 것도 아니라구요!"

그 사람 이야기를 듣고 보니 남의 사정은 안중에도 없이 내 생각만 하고 내 생각대로 마구 떠든 것이 몹시 부끄러웠다.

외지인들은 한번 왔다 가면 그만이지만 현지인에게는 그곳이 생활 터전이었다. 일 년 내내 끊이지 않는 관광객들의 느긋한 운전을 뒤따라가다가는 생업을 유지하기 어려울 것은 자명했다. 조금만 사려 깊었다면 난폭운전의 이유가 거기에 있다는 것을 알아챘을 것이었다. 생각이 거기에 미치자 거의 받을 듯 끼어드는 제주 차량을 봐도 더 이상 화가 나지 않았다.

장자의 '목계' 이야기

종종 겪는 일이다. 그런데 참으로 아이러니하다. 사람들은 왜 그렇게도 상대가 걸치고 있는 겉옷만 보는지 모르겠다. 그까짓 옷은 허물에 불과하다. 그저 벗으면 없어지는 것이다. 그런데도 겉모습으로 모든 것을 판단한다.

나는 아내와 함께 출판사를 한다. 출판사를 시작한 지 어느새 삼십칠 년이 되었다. 공식적으로는 내가 사장이고, 아내는 종업원이다. 그런데 실상은 아내가 출판사의 중추다. 인쇄의 종조격인 활판부터 배운 나는 컴퓨터가 나오면서 무용지물이 되었다. 아내는 컴퓨터를 다룰 줄 알아 디자인과 편집을 한다. 그런데 나는 컴퓨터를 할 줄 몰라 완성된 책을 배달해 주고 서류를 가져다주는 일이 고작이다. 내가 하는 일은 당장이라도 다른 사람으로 대체할 수 있다. 그러나 아내가 하는 일은 일정 기간 수련이 필요한 일이다. 그러니 책을 만드는 출판사에서 아내가 하는 일이 가장 중요하다.

그런데도 사람들은 무슨 일만 있으면 일의 성격을 가리지 않고 나만 찾는다. 내가 전화를 받으면 사장이라고 깍듯하게 예의를 차리고, 아내가 받으면 무시를 하고 하대를 한다. 책을 만드는 과정에서도 마찬가지다. 나는 원고의 내용이나 진척 상황에 대해 실무자인 아내처럼 잘 알지 못한다. 그래도 사람들은 내 말은 신뢰하고 아내 말은 애초부터 믿으려 하지 않는다. 종업원이라는 선입견으로 실체를 보지 못하니 안타까울 뿐이다.

장자의 「목계」 이야기가 있다. 어떤 마을에 싸움을 잘 하기로 소문이 자자한 닭이 있었다. 인근에서 그를 대적할 상대는 없었다. 자신이 최고수라고 생각한 닭은 기고만장해져서 거들먹거리며 설치고 다녔다. 그러던 어느 날, 큰 산 너머 어떤 마을에 이제껏 한 번도 싸움에서 져본 일이 없는 닭이 있다는 소문이 들려왔다. 최고수 싸움닭은 참을 수가 없었다. 이 세상에 최고수가 둘이 될 수는 없었다. 최고수 닭이 득달같이 산을 넘어가 결투를 신청했고, 두 닭은 서로를 노려보며 결투가 시작되었다. 최고수가 먼저 선수를 치며 앞발치기를 했지만 상대 닭은 조금의 움직임도 없었다. 또다시 번개같이 달려들어 자신의 특기인 머리쪼기 기술을 날렸다. 그래도 상대는 미동도 하지 않았다. 자신의 고급 공격을 받고도 저렇게 태연한 상대는 이제껏 처음이었다. 갑자기 불안해지기 시작했다. 최고수는 마지막으로 숨겨둔 비장의 술법을 연속으로 상대에게 퍼부었다. 그러나 상대는 그렇게 공격을 당하고도 눈썹조차 까딱하지 않았다. 상대는 이제껏 어디에서도 만나본 적 없는 고수 중 최고수였다. 게다가 상대 닭은 아직 자신에게 단 한 번의 공격도 하지 않고 있었다. 만약 저런 고수가 공격을 해온다면 하고 상상하니 등골이 서늘해졌다. '이러다가 잘못하면 내가 죽겠는걸!' 겁이 덜컥 난 최고수 닭은 뒤도 돌아보지 않고 꽁지에 연기가 나도록 달아나버렸다. 최고수가 도망친 다음 그 자리에 남아있던 상대 닭은 목계, 나무로 깎은 닭이었다.

겉모습만 보고 판단하다 일을 그르친 최고수 닭이나 종업원이라고 무시하며 하대하는 사람이나 무명(無明)에 싸인 것은 조금도 다를 것이 없다. 세상 모든 사람이 그렇다는 것은 아니다. 어떤 사람들은 깍듯하게 예를 갖춰 자신의 생각을 피력하는 사람도 있다. 반면에 인쇄일을 한다고 처음부터 업신여기며 이유도 없이 마음에 들지 않으니 무조건 새로 하라며 막무가내로 윽박지르는 사람도 있다. 그런 사람들은 대부분 겉모양으로 상대를 얕잡아보거나 내 돈 주고 하는 일이니 종처럼 부려도 된다는 생각을 지니고 있다.

참으로 불쌍하다. 그리고 걱정된다. 만약 남을 가르치는 분이나 사회 지도급 위치에서 사람들의 본보기가 되는 분들이 그런 생각을 가지고 있다면 정말 위험하기 짝이 없다. 사람은 그 자체만으로도 귀한 존재다. 불가에서는 인간으로 태어나려면 수억 겁의 공덕을 쌓아야 한다고 한다. 천도교에서는 사람이 곧 하늘이며, 사람을 섬기는 것이 하늘을 섬기는 일이라고 한다. 그런 귀한 존재를 겉모습만 보고 판단하여 서로 귀하게 여기지 않는다면 종당에는 자신도 누군가에 의해 그처럼 천대를 받게 될 것이다. 부디, 그러다 목계를 만나는 일이 없기를 바란다.

휴대폰 없이 살기

외출하면서 휴대폰을 깜빡 잊고 집을 나왔다. 차를 타는 순간 휴대폰 생각이 떠올랐지만 되돌아가는 것이 귀찮아 그대로 출발했다. 더구나 친구와 만나기로 한 약속시간이 턱밑에 닿아 있었다. 집에 되돌아가 휴대폰을 가져오면 약속시간에 늦을 것은 불 보듯 뻔했다. 그리고 그깟 휴대폰 없다고 무슨 불편한 일이 있겠는가 싶었다.

친구와 약속한 아파트로 갔다. 그런데 아파트 입구에 나와 있겠다던 친구가 보이지 않았다. 한참을 기다려도 친구는 나오지 않았다. 하는 수 없이 차에서 내려 아파트 마당에서 친구 이름을 불렀다. 그래도 종무소식이었다. 나중에는 아파트 앞뒤를 돌며 고래고래 소리를 질렀다. 아파트 주민들은 아침부터 웬 주정뱅이가 저러나 했을 것이다. 아파트가 시끌시끌했는데도 친구는 끝내 나오지 않았다. 어떻게 해야 할지 판단이 서지 않았다.

그러다 그 주변에 있는 지인의 사무실이 생각났다. 그곳에 가서 전화를 얻어 써야겠다는 생각이 들었다. 하는 수 없이 주변에 있는 아는 이의 사무실로 향했다. 그런데 가본 지가 한참 전이라 그 위치가 어사무사했다. 연락할 방법이 없으니 위치를 물어볼 수도 없었다. 주변을 몇 바퀴나 돌고 돈 끝에 겨우 사무실을 찾았다. 문제는 또 생겼다. 이번에는 만나기로 한 친구의 전화번호가 기억나지 않았다. 모든 번호가 핸드폰 안에 있는데 핸드폰이 없으니 낭패였다. 생각 끝에 집으로 연락하니 아내가 펄쩍 뛰었다. 친구가 아파트 입구에 기다리고 있단다. 아내에게 내 핸드폰 안의 전화번호를 물어 약속했던 친구에게 겨우 연락이 닿았다. 비슷비슷한 아파트 입구를 잘 구분하지 못해 내가 다른 곳에서 기다렸던 것이었다. 휴대폰이 있었다면 간단히 해결될 수 있는 문제였다. 아침부터 우여곡절 끝에 만난 친구는 황당하다는 표정이었다.

친구와 볼일을 끝낸 나는 나온 길에 그동안 차일피일 미루고 있던 자동차를 손보기 위해 정비소로 갔다. 한참 전부터 와이퍼가 잘 작동하지 않고 있었다. 이러다 비가 오거나 눈이 오면 낭패였다. 그런데 와이퍼 상태를 살펴보던 정비소 사장이 한두 시간은 족히 걸리겠다며 연락처를 달란다. 휴대폰이 없어 연락해도 받을 수가 없으니 난감했다. 잠시 생각 끝에 마침 점심때도 되고 해서 가까이에 있는 식당에서 느적느적 밥을 먹고 다시 정비소로 갔다. 말끔하게 고쳐져 있어야 할 내 자동차 부품들이 정비소 바닥에 널려져 있었다. 정비소 사장 말이 막상 뜯어보고 나니 오늘 중으로는 마무리가 힘들겠다고 한다. 말씀을 드리고 작업 개시를 했어야 했는데 연락할 방법도 없고 바쁘신 것 같아 일단 뜯었단다. 어쩌랴. 휴대폰 없는 내가 잘못이지. 아직도 몇 군데 더 들러 일처리도 해야 하는데 차만 쓸 수 없게 되었다.

버스를 타고 대학 도서관으로 갔다. 며칠 전 모 연구소의 집필진으로 위촉되어 졸업 증명서가 필요하다는 연락을 받았다. 그 연구소에 보낼 서류를 발급받기 위해서였다. 무인발급기가 있는 도서관 휴게실로 갔다. 그런데 무인발급기 화면에 잘못된 비밀번호라며 문자가 뜬다. 요즘엔 하도 비밀번호 쓰는 곳이 많아 학교에서는 어떤 번호를 사용했는지 알 길이 막막하다. 비밀번호를 알려면 담당자에게 연락을 해야 하는데 주변을 살펴봐도 공중전화가 없다. 안내 데스크에 물어보니 도서관 내에는 공중전화가 없단다. 공중전화를 사용하는 학생이 없기 때문에 아마도 학교 내에는 모두 철거했을 것이란다. 하는 수 없이 육신을 놀려 대학본부까지 걸어갔다. 그러고도 몇 차례 담당 직원의 전화를 빌려 집으로 연락해 몇 가지 사실을 확인해 본 후에야 졸업 증명서를 발급받을 수 있었다. 휴대폰만 있었다면 단번에 끝냈을 일을 여러 사람에게 민폐를 끼쳤다.

집으로 돌아오는 길에 얼마 전 맡겨놓은 겨울 양복을 찾기 위해 세탁소에 들렀다. 이미 여러 번 세탁물을 찾아가라고 연락이 왔었다며 오늘은 꼭 찾아와야 한다고 아내가 신신당부를 했던 터였다. 보관증을 달란다. 있을 리 없었다. 그러면 고객 아이디를 대란다. 아내가 만들었기에 나는 알 리 없었다. 세탁물을 맡긴 사람이 아내이기 때문에 본인이 아니면 내어줄 수 없단다. 또 직원의 전화를 빌려 집으로 전화를 했다. 아내가 외출했는지 전화를 받지 않는다. 아내의 휴대폰으로 연락을 하고 싶었지만 그럴 수도 없었다. 아내의 번호가 떠오르지 않았다. 휴대폰이 나온 이후 숫자로 된 모든 전화번호를 잊어버렸다. 어떤 때는 내 번호도 생각나지 않을 때가 있다. 그러니 아내의 번호가 생각날 리 없다. 끝내 양복을 찾지 못했다. 제 물건이 뻔히 눈앞에 있는데도 찾지 못하고 집으로 걸어오며, 내 스스로 사회 부적응자처럼 느껴졌다.

휴대폰이 사람을 등신으로 만들고 있다. 휴대폰 없이 살기가 이렇게도 불편한 것일까. 하기야 손바닥만 한 마라도에서도 휴대폰으로 짜장면을 주문하는 세상이다. 이러다 마누라 없이는 살아도 휴대폰 없이는 못 살겠다는 말이 나오겠다.

아내의 휴대폰 번호 외우기

아내가 외출을 한 사이 집 전화로 아내 친구에게서 전화가 왔다. 휴대폰 번호를 묻는 아내의 친구에게 전화를 끊고 잠시만 기다려달라고 했다. 내 휴대폰에 저장되어 있는 아내의 번호를 찾기 위해서였다. 한참 만에 전화를 걸어 아내의 번호를 알려주었다.

문제가 생긴 것은 그다음이었다. 외출에서 돌아온 아내가 "어째 당신은 마누라 번호도 못 외우냐?"며 지청구를 주었다. 잘못한 것도 없지만 잘한 것도 없는 것 같아 잠자코 있었다. 그러더니 아내의 친구가 "집에서 어떻게 대우를 받고 살기에 남편이 네 전화번호도 모르냐?"며 간 큰 남편이라고 빈정대더란다. 그래서 기분이 상했단다. 여성들, 아니 아내와 아내 친구의 사고가 참으로 가관이다. 그깟 번호 외우지 못할 수도 있지, 그까짓 것 외우지 못했다고 '대우', '간' 얘기까지 들먹이는가. 또 지청구를 주는가. 참으로 마뜩잖다.

오늘 외출했던 아내가 친구들에게서 들은 이야기를 내게 했다. 요즘 천대받는 남편들 이야기 중에서 최신판이라며 '아침에 일어났는데 눈떴다고 얻어맞은 남편' 얘기를 했다. 이런 지경이니 내가 하려는 얘기는 이젠 고전 중에도 고전이 되었겠다. 언젠가 사석에서 들은 '마나님 동창회' 이야기다.

어떤 능력 있는 남편이 마나님께서 동창회에 가신다기에 거금을 들여 최고급 옷과 핸드백에 보석까지 온몸에 치렁치렁 치장을 해서 내보냈다. 마나님께서는 희색이 만면한 얼굴로 신바람이 나서 행차를 하셨다. 남편은 동창회에 나가 친구들에게 한껏 뻐기는 마나님의 모습을 그리며 칭찬을 받기 위해 이제나저제나 마나님 돌아오시기만을 눈 빠지게 기다리고 있었다. 그런데 정말 눈 빠질 일이 생겼다. 이게 무슨 일이란 말인가? 집에 돌아오자마자 마나님께서 비싼 핸드백과 옷을 벗어 방바닥에 패대기를 쳤다. 당연히 칭찬받을 것을 기대하고 있던 남편이 황당해서 그 이유를 여쭈었다. 그러자 그 마나님께서 "친구들 남편은 다 죽었는데 나만 살아있다."고 하더란다.

아무리 우스갯소리라고 해도 짜증난다. 남성인지 여성인지 그런 이야기를 지어내는 사람들의 저의가 정말 궁금하다. 살아있는 것이 죄가 될 정도로 남성들이 여성들에게 뭘 그리 잘못했는지 모르겠다. 사람이 살아가려면 꼭 먹어야 하는 한 끼 식사조차도 '삼식이 새끼'니 '종간나 새끼'니 소리를 들으며 눈치를 봐야 하는 비참한 신세가 되었다. 구차스럽고 자존심 상한다. 부아 나는 대로만 한다면 드러워서 당장 밥사발을 내동댕이치고 싶다. 곡기를 끊고 싶다. 수컷들의 수난시대다.

세태가 이리도 변한 것은 무슨 까닭일까. 아무래도 인간들의 끝없는 욕심에서 기인하는 것은 아닐까. 인간에게서 욕구는 꼭 필요하다. 무엇을 얻으려 하거나 바라는 것은 인간이 살아가는 데 원동력이 될 수도 있다. 그러나 지나친 욕구는 욕심이다. '욕심이 사람 죽인다.'라는 말이 있다. 욕심이 너무 지나치면 사리를 분별하지 못하고 위태로운 일까지 거리낌 없이 하게 된다는 것을 의미한다. 우리는 주변에서

과욕으로 인해 일을 그르치는 사람들을 허다하게 보아왔다. 그런 욕심은 남도 해치고 자기 자신도 파멸로 끌고 들어간다.

어느 정도 충족되면 만족할 줄 알아야 한다. 모든 것을 다 얻을 수는 없는 일이다. 그럼에도 현대인들이 족함을 모르고 끝없이 허기를 느끼는 것은 내 것을 바로 보지 못하고 타자의 것만 부러워하기 때문이다. 상대적 빈곤, 상대적 박탈감이 욕심을 자꾸 부추기는 것이다. 보여주기, 과시하기, 군림하기가 그렇게도 하고 싶은가. 천박한 본능이다. 짐승은 본능에 충실하다. 우리는 잔인하거나 야만적인 사람을 짐승에 비유하기도 한다. 과연 그럴까. 어떤 관점에서 보면 짐승보다 사람이 훨씬 몰인정하고 미개하다. 짐승의 세계는 힘센 놈이 약한 놈을 지배한다. 그렇다면 인간 세상은 어떤가. 짐승보다 더하면 더했지 결코 덜하지 않다. 어떻게 보면 더 교활하다. 짐승은 배가 부르면 사냥도 하지 않지만 남의 먹이를 빼앗지도 않는다. 그런데 인간은 어떤가. 배가 터지도록 먹고도 더 먹으려고 남의 것을 빼앗고 쌓아두기까지 한다. 누가 누구를 짐승이라 하는가.

인간은 다양한 방법으로 자신들의 유전자를 보존해나간다. 그런데 요즘 세상에서는 오로지 한 가지 유전자만 선망의 대상이 된다. 높이 쌓아놓은 사람이다. 그런 사람이 우성인자다. 버금도 필요 없다. 오직 으뜸만 유일한 가치다. 세상에 가장 잘난 최고만 바라다보고 있으니 어지간한 남편 놈은 눈에 차지도 않는 것이다. 그러니 죽지 않고 살아있는 것이 원수고 두통거리일 뿐이다. 능력도 없는 나는 마누라님 휴대전화 번호라도 외워놓았다가 누가 물으면 재깍재깍 대답해 줘야 될 텐데 머리가 나빠 그마저 어려우니 도태될 날이 머지않은 것 같다.

세중리에서 만난 할머니

원고 작업을 하다 자료 사진 몇 컷이 필요해 보은군 마로면 세중리로 향했다. 마로면까지는 잘 갔지만 그다음부터 문제가 생겼다. 세중리로 가는 길을 알려줘야 할 내비게이션이 엉뚱한 방향을 가리켰다. 초행길이기는 했지만 지도를 보면 대강의 방향은 알 수 있었다. 그런데 화면은 정반대로 길을 안내했다. 그래도 설마 기계가 거짓말하랴 싶었다. 또 자고 일어나면 새 길이 속속 생겨나는 판이라 혹여 새중리로 가는 새 길이 있을지도 모르겠다는 생각이 들어 그놈이 알려주는 대로 따라갔다.

그러나 내비게이션은 뺑뺑이를 돌렸다. 몇 번이나 같은 길만 맴돌았다. 삼십여 분을 그렇게 헤맨 끝에 저도 미안했던지 먹통이 되었다. 화면이 멈춘 채 꼼짝도 하지 않았다. 결국 지구대로 찾아갔다. 경찰관은 여기서부터 설명하기 복잡하니 마로면으로 가서 다시 물어보란다. 무책임한 내비게이션에게 부아가 치밀었지만 그렇다고 기계에게 화를 낼 수는 없는 일이었다. 하는 수 없이 왔던 길을 되돌아 마로면으로 다시 갔다. 시간을 얼마나 허비했는데 성과도 없이 원점으로 다시 돌아온 셈이었다.

마로면 장터로 들어갔다. 아무래도 장터에 가야만 사람 만나기가 수월할 것 같았다. 요즈음은 웬만한 시골에 가도 사람 구경하기가 쉽지 않았다. 간이 정류소인 듯한 길가 나무의자에 할머니들 서너 명이 앉아 있었다. 차를 멈추고 길을 물었다. 그런데 그중 어떤 할머니가 자신의 몸집만 한 자루와 보퉁이를 들고 다가오더니 다짜고짜 뒷문을 열고 올라탔다. 그러더니 자기가 알려줄 테니 출발하란다. 갑작스럽기도 하고 예의 없는 할머니의 막무가내에 어이가 없어 적이 당황했지만, 그렇다고 이미 차 안으로 들어온 노인을 내리라고 할 수도 없는 일이었다. 하는 수 없이 출발했다. 차 안에 고소한 냄새가 가득 퍼졌다. 세중리에 사느냐고 여쭈었더니 아니란다. 세중리에 살지도 않으면서 길을 알려준다는 할머니 말에 살짝 의심이 들었다. 그러니 어쩌랴.

할머니는 앞자리 조수석 베개를 잔뜩 움켜쥔 채 내 뒤통수에 대고 길을 안내했다. 세중리로 가는 길은 갈림길이 많아 복잡했다. 할머니는 그때마다 뒤에서 이리로 저리로, 이쪽 길로 저쪽 길로 하며 길을 알려주었다. 할머니는 내비게이션에 나오지 않는 길까지 환하게 꿰고 있었다. 할머니가 첨단 기계보다 훨씬 더 뛰어났다. 할머니가 아니었다면 길 위에서 무진 고생을 했을 것이 분명했다. 내가 촬영해야 하는 세중리 학교 앞에 이르자 할머니는 보퉁이는 이고 자루는 든 채 차에서 내렸다. 마로면에서 차를 탔을 때 할머니가 분명 세중리가 댁이 아니라고 했던 말이 기억나서 다시 확인을 했더니 윗마을인데 여기부터는 걸어가도 된단다. 그러더니 자루는 들고 머리에는 보퉁이를 이고 걸어갈 채비를 했다.

내가 학교 전경 사진 몇 장만 찍고 와서 모셔다드리겠다고 해도 할머니는 한사코 걸어가시겠단다. 남에게 도움을 받았으면 갚는 것은 당연한 도리다. 남의 집 상을 봐주려면 삼년상까지 봐주라고 했다. 제 볼일 끝났다고 안면몰수하면 사냥 끝났다고 개를 삶는 후안무치나 뭐가 다르겠는가. 더구나 도움을 준 연로한 노인이 들고 이고 걸어가려 하는데 모른 척한다면 그건 두고두고 내 마음에 앙금으로 남을 것이다. 그럴 수는 없었다. 사진 촬영을 조금 뒤로 미루더라도 할머니를 먼저 모셔다드리는 것이 마땅하다. 보퉁이와 자루를 빼앗다시피 차에 밀어 넣고 손사래 치는 할머니를 차에 태웠다. 그리고 차를 몰았다. 할머니는 안절부절못하며 어쩔 줄 몰라 하며 내려달라고 재촉하셨다. 가는 내내 뒷좌석에 앉지도 않으신 채 엉거주춤 서다시피 댁이 있다는 윗말까지 가셨다. 할머니 댁은 세중리에서도 십 리는 족히 넘을 듯싶었다. 할머니 걸음으로는 두 시간은 걸어야 할 거리였다. 그런데도 걸어가겠다고 하신 할머니의 그 마음이 어떤 마음인지 가슴에 와 닿았다. 할머니가 집안에서 검은 비닐봉지를 가지고 나오더니 자루를 풀고 옥수수 튀밥을 가득 담아주셨다.

참으로 오랜만에 느껴보는 할머니의 염치였다. 언제부터인가 세상에서 염치가 사라져버렸다. 요즘 세태가 그러하다. 사람들은 체면을 차릴 줄 모른다. 자기 욕심만 채우면 모든 것을 허깨비처럼 버린다. 사람들이 부끄러움을 잊었다. 더 무서운 것은 부끄러운 짓을 하고도 그것이 왜 부끄러운지 그 이유를 알지 못하는 것이다. 악행을 저지르고도 패륜을 저지르고도 뻔뻔스럽다. 잡힌 것이 억울할 뿐이다. 그리고 법대로 죗값을 치르면 그것으로 모든 것이 끝난다고 생각한다. 인륜을 먼저 가르치지 않고 법을 우선시하는 교육의 문제다. 그러니 점점 세상이 혼탁해지는 것은 당연한 귀결이다. 내비게이션처럼 잘못된 길을 알려주고도 천연덕스러운 것은 기계이기 때문이다. 기계는 염치를 차릴 줄 모르기에 잘못했다 하여 사람들도 뭐라 하지 않는다. 그러나 사람은 다르다. 잘못을 하고도 반성하지 않거나 모르는 척 뻔뻔하게 처신한다면 염치없는 사람이다. 사람이 염치를 모른다면 아무 감정 없는 기계나 마찬가지다. 요즘 세상에는 기계 같은 사람이 많다.

오늘, 시골 벽지 세중리에서 만난 할머니께 배운 바가 크다. 초행의 길손에게 길을 알려주고도 자신의 할 일이 끝났으니 갈 길이 먼데도 굳이 내리려는 할머니의 마음 씀씀이가 더 고맙다. 할머니를 내려드리고 되돌아 내려오는 길이 전혀 멀지 않았다. 할머니가 주신 옥수수 튀밥이 고소하다. 오늘은 할머니 생각만 해도 종일 고소하고 따뜻한 하루가 되겠다.

박사 경비원

인문학이 죽었다. 인문학 뿐 아니라 돈으로 환산되지 않는 이 세상 모든 것이 죽었다. 돈이 세상 모든 것의 척도다. 돈이면 신(神)도 살 수 있는 세상이다. 돈이 신이다. 이렇게 가다가는 장차 돈이 되지 않으면 인간도 버릴 기세다. 마치 사용하다 고장 난 물건을 버리듯. 벌써 그런 시대가 우리 곁에 와 있는지도 모른다.

대학에서 철학이 죽고 문학이 죽은 지는 이미 오래전 일이 되었다. 인문대학에 철학과가 없고 국문과가 없는 대학이 부지기수다. 돈이 되지 않기 때문이다. 돈이 되지 않는 학과는 쓰레기다. 따라서 그런 학과는 용도 변경되거나 가차 없이 폐과 처분된다. 이런 지경이다 보니 대학원에도 철학을, 국문학을 연구하겠다는 학생이 없다. 인문학은 세상 저 너머로 사라지는 구시대의 유물이 될 것인가?

몇 년 전 대성황을 이뤘던 강좌가 있었다. 논술이다. 논술이 대성황을 이뤘던 것은 자식들을 더 좋은 대학에 보내기 위함과 짧은 시간 내에 최대의 효과를 얻기 위해서였다. 참으로 배우는 이유가 얇고도 얕다. 한마디로 간사하다. 거기에 편승해 많은 사설학원과 심지어는 대학에서도 논술강사를 배출하기 위한 강좌가 우후죽순처럼 개설되었다. 좋게 말하면 유연함이다. 요즘 시대를 살아내기에 꼭 필요한 필수조건이다. 그러나 유연함은 환경에 따라 카멜레온처럼 시시각각으로 변하는 그런 줏대 없는 것이 아니다. 더구나 교육계에 종사하는 분이나 사람을 가르치는 선생은 그래서는 곤란하다. 곤란한 정도가 아니라 그래서는 안 된다.

당장 먹기엔 곶감이 달다. 그러나 인문학은 곶감이 아니다. 굶주리고 있는 사람에게 지금 당장 빵이 되지도 못한다. 그럼에도 불구하고 인문학이 꼭 필요한 이유는 있다. 그것은 사람이 사람답게 살 수 있는 토양을 만들어주는 학문이기 때문이다. 건재한 4남 1녀나 되는 자식들이 있는데도 아버지가 돌아가시자마자 한 달도 지나지 않아 어머니를 노인 요양원으로 모셨다고 한다. 이건 모시는 것이 아니라 유배다. 유배가 아니라 자식이 어머니를 폐기처분한 것이다. 자식이 병든 부모를 때려 숨지게 했다는 이야기가 심심찮게 들려온다. 참혹하다. 이럴 때마다 인간으로 태어나 사는 것이 구차스럽기까지 하다. 우리의 현실이 참으로 각박해졌다. 각박하다는 표현조차도 사치스런 언어구사다. 이 모든 것이 인문학의 부재에서 오는 사회적 병리 현상이다.

제목은 기억나지 않지만 언제가 읽은 아버지와 아들의 이야기가 떠오른다. 늙어 몸이 불편한 아버지가 자꾸만 밥그릇을 떨어뜨려 깨뜨리자 아들이 나무 그릇을 깎아 밥을 담아주었다. 어느 날 그 아들은 나무 그릇을 깎고 있는 자신의 아들을 발견했다. 그 이유를 묻는 아버지에게 어린 아들은, “나중에 아버지가 늙으면 쓸 그릇이에요.” 라고 말했다. 아들의 대답을 듣고 깜짝 놀라 자신의 잘못을 깨우쳤다는 이야기이다.

이런 이야기가 지금 당장 배고픈 사람의 배를 채워주지는 못하지만 우리에게 따뜻함을 주고 살아나갈 희망의 메시지를 선사한다. 이처럼 인문학은 생각을 키우는 학문이다. 생각이 우선되지 않으면 모든 것이 사상누각이다. 그 생각은 인간을 더더욱 인간답게 만드는 길라잡이 역할을 하는 것이다. 이것이 인문학이다.

문학박사가 아파트 경비원으로 갔다. 후배 이야기다. 문학박사라고 해서 경비원을 하지 말라는 법은 없다. 그런데 어렵게 공부했고, 자신이 닦은 바를 후학들에게 열심히 전해야 할 시기에 부르는 곳이 없어 그리된 것이다. 그 후배는 십 년 세월을 바쳐 박사학위를 취득했고 대학을 전전하며 '보따리 장사'를 했다. 그나마 몇 년 전부터는 대학마다 국문과를 없애며 강의 자리가 줄어들어 호구지책조차 어려워졌다. 강의가 없는 날은 건강식품 외판, 아동도서 방판도 했다. 그러나 날고 기는 영업사원도 쉽지 않은 외판을 평생 공부만 한 서생이 잘 해낼 리 없었다. 아이들은 점점 커나가고 돈 쓸 일은 매일처럼 닥치는데 수입이 없으니 견디다 못한 문학박사가 본업인 책을 덮고 아파트단지 비정규직 경비원으로 간 것이다.

조선시대 허생 이야기가 아니다. 금세기 대한민국에서 벌어지고 있는 일이다. 아무리 실리만 따지는 세상이라 해도 학자를 이리 대접하는 것은 아니란 생각이 든다. 현실이 저주스럽다. 이렇게 인문학을 천대하다가는 머지않아 우리가 사는 세상은 인간 말종의 세상이 될 것이다. 확신한다.

공중목욕탕 풍속도

해도 뜨기 전 동네 공중목욕탕을 가기 위해 집을 나섰다. 보통은 아침을 먹고 햇살이 한참이나 퍼진 후에도 성화에 못 견뎌 떠밀려 가던 목욕탕을 식전부터 나선 것은 둘째 녀석의 일정에 맞추기 위해서였다. 모처럼 만에 집에 온다는 연락을 받고 며칠 전부터 녀석과 함께 목욕 갈 마음을 먹었었다. 그리고 여름내 물만 뿌리며 설렁설렁 닦았던 등도 녀석이 온 김에 밀어야겠다고 마음먹었다. 그런데 일찍와 함께 저녁을 먹겠다던 녀석이 지난밤 자정도 넘긴 이슥한 밤에 들어왔다. 그러고는 일요일인데도 내일 아침 바쁜 일이 있어 일찍 가야 한단다. 그래서 이른 아침부터 집을 나선 것이었다. 느긋하게 목욕을 갔다 와 뒹굴뒹굴 늘어진 휴일을 보내려던 나의 계획은 녀석의 일정에 밀려 여지없이 깨지고 말았다.

내가 어릴 적 시골에서는 목욕하는 것-특히 겨울철-도 특별한 행사였다. 명절이 다가오거나 집안에 대소사가 있으면 소죽 쑤던 가마솥에 물을 끓여 온 식구가 부엌에서 돌아가며 목욕을 했다. 그러다 처음으로 최신식(?) 공중목욕탕을 간 것은 청주로 전학을 온 이후였다. 그러니 한 오십 년은 넘은 직 싶다. 확실한 기억일는지는 모르지만 청주에도 그때는 유일하게 공중목욕탕이 한 곳 있었다. 지금은 문화거리로 바뀐 북문로에 신탁은행이 있었고, 그 언저리 어디쯤 있었던 '시민 목욕탕'이 그곳이었다. 지금이나 그때나 입구에 들어서면 여탕, 남탕이 갈라졌다. 그리고 안으로 들어가면 김이 설설 피어오르는 둥그런 탕이 중앙에 있고, 탕 안에는 목욕꾼들이 몸을 담근 채 때를 불리고 있었다. 이미 때를 불린 사람들은 탕을 중심으로 빙 둘러앉아 사람들이 있는 탕 안의 물을 바가지로 퍼 몸을 씻었다. 지금 사람들이 보면 기절초풍할 일이었다. 그래도 그때는 아무렇지도 않았다. 더 기겁할 일은 따로 있다. 목욕탕 안에는 탕을 관리하는 직원이 있었는데 그가 하는 일은 넓적한 뜰채를 들고 다니며 탕 안에 기름처럼 둥둥 떠다니는 때를 건져내는 것이 업무였다. 요즘 같으면 상상도 못할 일이다. 목욕탕만 봐도 우리네 생활수준이 천지개벽한 것을 알 수 있다.

요즘 목욕탕은 예전과 사뭇 다르다. 공동이나 목욕탕이란 말도 사라진 지 이미 오래전이다. 그 시절 목욕탕은 순전히 때를 밀기 위해 갔었던 곳이다. 물론 지금도 본연의 기능이 사라진 것은 아니지만 요즘은 쉬거나 즐기기 위한 휴게실에 가깝다. 이름도 공중탕에서 '○○장'으로 바뀌더니 급기야 '사우나'라는 외래어 명칭이 등장했다. 지금은 그것도 모자라 힐링샵, 찜질카페, 찜방, 크리스탈, 굿모닝, 휘트니스 등등 목욕탕 표시가 아니면 그곳이 목욕을 하는 곳인지도 모를 정도로 변신했다. 이름부터 뭔가 고급스런 분위기를 풍기며 때 미는 곳이란 구태한 의미를 사라지게 만들었다. 명칭뿐만 아니라 목욕탕 시설도 일일이 거론하기 어려울 정도로 화려하고 다양하게 일대 변신을 했다. 요즘 목욕탕은 목욕탕이 아니다. 집보다도 편안할 정도로 모든 편의시설이 완벽하게 꾸며져 있다. 예전과는 비교 자체가 무의미할 정도다. 그런데 이런 편리함에도 불구하고 요즘 목욕탕에 가면 건조함이 느껴진다. 뭔가 메말라가고 있다는 느낌을 버릴 수 없다. 화려하고 깨끗하고 편리한 이면에 상대에 대한 배려가 없어졌다. 무엇보다도 아쉬운 것은 무관심이다.

언제부터인가 동네 목욕탕에 가도 옆 사람에게 등 밀어달라고 하는 사람들이 없어졌다. 요즘은 "더럽게 남의 때를", "내 때 밀기도 귀찮은데 남의 때까지", "내가 때밀이야? 세신사도 있는데"라며 당연시한다. 그렇지만 그런 세태 속에서 우리는 중요한 어떤 것을 잃어가고 있는 것은 아닐는지? 얼마 전까지만 해도 목욕을 하다 보면 혼자 온 사람이거나 때 밀기 힘에 부치는 어르신들이 종종 부탁을 했다. 그리고 사람들은 그것을 당연하게 받아들였다. 어르신의 등을 밀며 나누는 이런저런 얘기도 푸근해서 좋지만 더 좋은 것은 내게 등을 맡긴 어르신으로부터 느껴지는 따뜻함이다. 그런 소통을 통해 내가 혼자가 아니라는 생각이 드는 것도 큰 뿌듯함이다. 세상은 혼자 살 수 없다는 관념적인 백 마디 말보다 일상에서 관계 맺음부터 배우는 게 더 실질적이지 않을까 한다. 사람 사는 세상은 이렇게 오고 가야 하는 것이 아닐까. 그러면 무엇이 그런 것을 점점 사라지게 만들고 있는 걸까?

문득 목욕탕에서 사람들 사이에 자꾸만 벽이 생기는 것이 목욕탕이 너무 편리함만 좇고 있기 때문은 아닐까, 하는 생각이 들었다. 이렇게 발전하다가 종당에는 아들에게도 때를 밀어달라고 하지 못하는 시대가 오는 것은 아닐까. 아들 녀석에게 등을 맡기면서도 자꾸만 뒤가 켕겼다.

타작

참으로 한참 만에 자전거를 타고 '남들'로 나갔다. 시가지를 조금 벗어났을 뿐인데도 시야가 확연하게 달라졌다. 일상에 쫓겨 계절이 어떻게 가고 있는지도 모른 채 일주일이 가고 한 달이 지나간다. 남들에는 이미 가을이 깊어져 가고 있었다.

올 초 언제던가 모내기가 한창이던 때 '올 가을에는 무슨 일이 있어도 남들 가득한 누런 들판을 온 마음으로 느껴봐야지.' 하고 다짐했었다. 그런데 어느새 남들 대부분은 추수가 끝나 들판은 거의 비어 있었다. 바라만 봐도 가슴 가득 풍성함이 느껴지는 남들의 누런 벌판을 올해도 놓치고 말았다. '다음 가을에는 꼭 봐야지.' 하고 내년을 기약하는 것으로 아쉬움을 떨쳐버렸다.

멀리 남들 끝에서 늦은 추수를 하고 있는 광경이 눈에 들어왔다. 자전거를 타고 달려갔다. 콤바인이 넓은 논을 오가며 거침없이 벼를 베고 있었다. 콤바인이 일하는 것을 쳐다만 보고 있어도 신기하고 시원시원했다. 한참을 그렇게 보고 있노라니 고향에서의 타작 모습이 떠오르며 갑자기 허전한 생각이 들었다.

예전에 타작은 온 동네 축제였다. 여름이 가고 가을 추수 때가 가까워지면 할아버지는 며칠 전부터 이웃 마을까지 돌아치며 품을 구하러 다녔다. 벼를 베는 날이 되면 날도 새기 전부터 집 안팎이 시끌벅적했다. 일꾼들이 모두들 논으로 나가면 집안 아녀자들도 덩달아 동동거렸다. 논에서 일하는 사람들 식사와 새참을 준비해야 하기 때문이었다. 논에는 한 줄로 길게 늘어선 스무 명도 넘는 일꾼들이 벼를 베어 볏단을 묶어세우며 앞으로 나아갔다. 널찍한 논에는 누런 벼가 가득한데 일하는 모습은 더디기만 했다. 일꾼들은 타령을 하고 희희낙락하며 벼 베는 것은 여벌로 여기는 듯했다. 어린 나이에도 그런 일꾼들을 보며, '저러다 너른 논을 언제 다 베려나.' 하고 조바심이 일기도 했다. 그래도 새참 때마다 주전자 심부름을 가면 논이 야곰야곰 비어져 가고 저녁이 되면 빈 논바닥에는 볏단만 줄줄이 세워져 있었다. 그렇게 여러 날 들판에서는 벼 베기가 계속되었다.

정말 들뜨고 즐거운 날은 타작하는 날이었다. 논바닥에 세워두었던 볏단이 햇볕에 바싹 마르면 누렁소와 지게로 옮겨져 집 마당에 산더미처럼 쌓였다. 그러면 타작이 시작되었다.

앞마당에는 '와롱기'라고 부르는 탈곡기가 서너 대씩 옆으로 나란히 놓이고, 동네 아저씨들은 둘씩 서로 짝을 맞춰 춤추듯 발판을 밟았다. 와롱기가 '와롱와롱' 소리를 내며 돌기 시작하면 양손으로 볏단을 집어 들었다. 발로는 발판을 밟고 손으로는 와롱기에 낟알을 터는 모습이 묘기처럼 보였다. 마당에서는 벼를 털고 부엌에서는 일꾼들이 먹을 밥을 가마솥에 했다. 아궁이에는 장작불이 활활 타오르고, 워낙에 양이 많아 밥이 설익을까 봐 골고루 뜸을 들이기 위해 가마솥 뚜껑에도 벌건 숯을 올려놓았다. 마당에 놓인 화덕에서는 찌개가 설설 끓고, 간만에 간절이 생선도 숯불에 지글지글 구워졌다. 때가 되면 마당에 멍석이 펴지고 집안 상은 물론 이웃집 상까지 빌려와 펼쳐 놓았다. 하얀 쌀밥을 수북하게 퍼 담은 모둠밥이 올려지고, 상 위에는 명절날보다도 더 풍성하고 맛깔스런 반찬이 푸짐하게 차려졌다. 지나가던 동네 사람들까지 불러들여 왁자하게 타작 밥을 함께 먹었다. 아이들에게 가장 신나는 일은 가마솥 바닥에 눌은 누룽지였다. 바삭하고 고소한 가마솥 누룽지는 타작할 때나 먹어보는 별미 중 별미였다. 타작하는 날은 애어른 할 것 없이 동네 잔칫날이었다. 해가 뉘엿뉘엿 넘어가며 어스름이 밀려오면 장대 높이 단 백촉짜리 백열등이 마당을 대낮처럼 밝혔다. 그렇게 타작은 밤늦도록 끝나지 않았고 밤새 윙윙거리는 와롱기 소리를 들으며 잠에 빠져들곤 했었다.

그런 것에 비하면 지금 내가 보고 있는 남들 타작은 타작도 아니었다. 이발을 하듯 콤바인이 쏜살같이 논바닥을 훑고 지나가며 순식간에 벼를 베 제꼈다. 그러고는 동시에 탈곡까지 하며 볏짚은 꽁무니로 날려버렸다. 발로 밟고 손으로 볏단을 들어 기계로 집어넣을 필요도 없었다. 털어진 알곡도 콤바인 속에 모아졌다가 논둑 위에 대기하고 있던 트럭의 적재함에 곧바로 쏟아부었다. 예전처럼 벼를 집안 창고에 보관할 필요도 없단다. 트럭이 알곡을 도정공장으로 싣고 가 그곳의 창고에 보관한다는 것이었다. 콤바인이 마지막 남은 한 줄을 베어 털고 논둑 위에 서있던 트럭이 이를 받아 싣고 떠나자 타작은 끝났다. 단출하다 못해 너무 간단했다.

예전 같으면 장정 수십 명이 달려들어 여러 날 하던 일을 한 대의 콤바인이 대수롭지 않게 해치워버렸다. 추수를 하다 논둑에 둘러앉아 새참을 먹던 이야기는 호랑이 담배 피우던 시절이고, 모내기 봉사활동을 온 학생들을 대접하기 위해 짜장면 삼십 그릇을 시켰던 이문

구의 소설 『우리 동네 정씨』도 이젠 고전 속의 한 페이지가 되고 말았다. 문명의 이기 덕분에 참으로 편한 세상이 되었다. 편해서 좋기는 하지만 그런 편함만 추구하다 보니 우리 주변에서 자꾸 이야기가 사라지는 것 같아 아쉽다.

며칠 전 도청 정문 앞에 볏가마를 쌓아놓고 아스팔트 바닥에다가는 벼를 쏟아붓고 시위하는 농민들을 보았다. 수매량을 늘려달라는 요구였다. 정부에서도 해마다 수매량을 줄이고 있는 것은 여러 이유가 있겠지만 어쨌든 쌀을 귀하게 여기지 않기 때문이다. 쌀이 흔해지기는 엄청나게 흔해졌다. 어릴 적 할머니는 밥 흘리는 것과 밥그릇에 붙은 밥알을 말끔하게 떼어먹지 않는 것을 비상으로 여기셨다. 고등학교 때까지도 정부에서는 쌀을 귀히 여겨 강제로 혼식을 권장했었다. 그토록 귀히 여기던 쌀이 이제는 천덕꾸러기가 되어버렸다. 이렇게 쌀이 천대받게 된 것을 두고 사람들은 수입쌀과 쌀 소비 감소라고들 하지만 나는 모내기하는 이앙기부터 추수, 타작까지 너무 쉽게 거둬들이는 콤바인 때문은 아닐까 하고 기계 탓을 했다. 공연한 생각일까?

서투름의 미학

요 며칠 간간이 늦가을 비가 흩뿌리더니 날씨가 제법 쌀쌀해졌다. 올해도 어김없이 길거리에 붕어빵 노점상이 등장했다. 저렴한 간식거리인 붕어빵조차 경기를 타는지 올해는 그 수가 눈에 띄게 줄어든 듯하다. 다행히도 우리 동네 사거리 길모퉁이에는 올해 새로 나타났다. 옛날에는 그런 빵을 '풀빵'이라고 불렀다. 모양은 국화를 닮았었다. 어떤 빵이든 빵을 별로 좋아하지는 않지만 그래도 풀빵은 달랐다. 고소한 기름 냄새와 바삭하고 노릇노릇하게 구운 풀빵을 상상만 해도 군침을 돌게 하기에 충분했다. 그 유혹을 견디지 못하고 붕어빵을 굽는 리어카 안으로 들어갔다.

그런데 붕어빵이 아니라 황금잉어빵이었다. 붕어빵과 황금잉어빵이 어떤 차이가 있는지 알 수 없었지만 언뜻 드는 내 느낌에는 수더분하던 붕어를 화려하게 꾸미고 아담하던 붕어를 뻥튀기해서 불려놓은 것 같아 못내 아쉬운 마음이었다. 이름이 바뀐 저간의 사정이야 장사하는 사람들의 몫이고 사 먹는 사람들 입장에선 붕어나 잉어나 그놈이 그놈이었다. 다른 점이 있기는 했다. 아직 새 기계라 그런 것인지 빵틀이 황금처럼 노랗고 고기비늘이 예전의 붕어빵보다는 촘촘하고 세밀하게 돋음조각 되어 있었다. 이름만 잉어일 뿐 크기도 붕어보다 그다지 커 보이지 않았다. 나는 잉어빵이 팔뚝만 하면 어쩌나 내심 걱정했었는데 다행이었다. 어쨌거나 붕어빵이나 황금잉어빵이나 원래 조상은 풀빵이었다.

잉어빵 노점의 겉모양이 산뜻하더니 안에 있는 기계들도 반짝반짝하고 최신형으로 꾸며져 있었다. 새로 장사를 시작한 모양이었다. 그것들을 보는 순간 신뢰에 금이 가고 있었다. 특히나 먹는 음식점은 손때가 묻어 있어야 사람들로부터 검증을 인정받은 것 같아 더불어 맛도 좋은 것처럼 느껴졌다. 검증이고 신뢰고, 문제는 그다음이었다. 직접 빵을 구워본 적은 없지만 그래도 보는 것은 눈 명수인지라 아주머니 빵 굽는 솜씨를 보니 한눈에 보아도 초보자였다. 내 추측대로 장사를 갓 시작한 것이 틀림없었다.

나는 곧바로 이 집에 들어온 것을 후회했다. 올해 첫 붕어빵인데, 고소한 맛을 생각하며 입맛을 다시고 들어섰던 좀 전의 기대감이 일시에 사라졌다. 아주머니는 굼떠도 너~무 굼떴다. 빵을 굽는 손놀림은 또 얼마나 느린지 손 빠른 낚시꾼은 물에서 건져 올렸어도 벌써 서너 마리는 잡았을 시간이다. 그렇게 구워낸 황금잉어도 성한 놈이 별로 없다. 어떤 놈은 배가 터지고 어떤 놈은 옆구리가 터져 소가 흘러나오고 군데군데 타고 뜯겨져나가 상처투성이다. 재빠른 솜씨로 군더더기 없이 말끔하게 구워낸 붕어빵만 보아왔던 나는 아주머니의 서툰 모습에 속이 터졌다. 충분한 연습도 없이 서툰 솜씨로 어떻게 장사할 엄두를 냈는지 그 무모함에 분통이 치밀었다. 그리고 붕어빵 노점이 곧 문을 닫고 말 것이라는 점까지 쳤다. 손님이 무슨 생각을 하고 있는지 알기는 한지, 그러거나 말거나 아주머니는 손놀림 하나하나에 정성을 다하며 잉어를 찍어냈다. 그 모습을 보고 있노라니 마치 글자를 처음 배울 때처럼 새 공책에 또박또박 글씨를 쓰는 어린 아이 같았다. 얼마나 진지한지 그 손놀림에 웃음이 나왔다.

아주 예전에 우리 어른들은 동네 어린 일꾼과 똑같이 품앗이를 했다. 이제 막 일을 배우기 시작한 어린 일꾼을 '반일꾼'이라 불렀던 모양이다. 반일꾼은 힘도 약하고 경험이 미천하니 서투른 것은 당연했다. 지금 세상 같으면 일을 못하니 반 품값을 쳐주거나 아예 부르지도 않았을 것이다. 그러나 예전에는 그러지 않았다. 그 옛날 어른들은 반일꾼이 우리 집에 와 하루일을 해주면 자신도 반일꾼 집에 가서 종일 도와주었다. 반일꾼은 미안해서 더 열심히 일을 배우고, 동네 어른들의 배려와 고마운 마음을 가슴 깊이 간직했을 것이다. 그리고 나중에 어른이 되고 온일꾼이 되었을 때 자신도 똑같이 그렇게 행하였을 것이다. 우리에게는 그런 미덕과 여유가 있었다.

요즘 세상에서 미덕은 고사하고 그런 여유조차 기대하는 건 지나친 사치다. 아울러 서투름을 보기가 힘든 세상이 되었다. 열심히 하는 것도 필요 없고 무조건 잘하는 것만 요구하는 세상이니 조금이라도 허점이 보이면 바로 퇴출이다. 서투름을 받아들이거나 용서하지도 않는다. 서투름은 곧 실패요 패배다. 이런 세상에서 살아남으려면 완벽함만이 필요하다. 그러다 보니 세상 모든 곳이 온통 말끔하고 세련되어 흠집을 찾을 수 없다. 너무나 눈이 부시고 깨끗해서 편안하게 마음을 내려놓고 쉬기가 부담스럽다. 여유를 부릴 틈새가 없다. 그런 세상이 사람들 살기에 좋은 세상인지 어떤지는 알 수 없다.

그러나 너무나 완벽해서 여유가 느껴지지 않는 세상보다는 비록 서툴더라도 사람 냄새가 느껴지는 그런 세상을 만나고 싶다. 그런 세상이 그립다. 새로 개업한 황금잉어빵 아주머니에게는 생업이 달린 문제인데 내 생각에만 빠져 배부른 타령이나 하고 있는 것은 아닌지 모르겠다. 좀 허풍을 보태면 그러고도 한나절 만에 아주머니는 상처 투성이 고기를 틀에서 꺼냈다.

붕어인지 잉어인지 아주머니가 미안해하며 싸주는 빵 봉지를 들고 나오며 올겨울이 지나도록 잉어빵집이 문을 닫지 않았으면 하고 바랐다.

고해의 바다에서 고생들 많으십니다

불타께서는 '인생은 고해의 바다'라고 말씀하셨다. 또 우리 속담에는 '천석지기는 천 가지 걱정, 만석지기는 만 가지 걱정'이란 말이 있다. 요즘 들어 어쩌면 그리도 그 말이 쏙쏙 귀에 들어오는지 모르겠다. 괴로움과 고통은 끝이 없다. 불타의 설파처럼 인생이 본래 그런 것일까?

지난 주말, 전라도에서 선배가 올라왔다. 그 선배는 몇 년 전 모 그룹에서 정년을 마치고 전라도에 있는 대학의 초빙교수로 갔다. 젊은이들도 취업이 어려운 때에 그것도 갑년이 되어 대학교수가 되었으니 어찌 축하받을 일이 아니겠는가. 모두들 부러워하고 축하를 했다. 그런데 마주 앉은 선배 얼굴이 이상하다. 불에 덴 상흔처럼 목덜미에서부터 반쪽 얼굴이 온통 불그죽죽하다. 무슨 일인가 물었더니 대상포진이 얼굴에 와 근 한 달을 병원에서 고생했단다. 뭐가 그리 힘들어 대상포진까지 걸렸냐고 물었더니 새로 간 대학에서 맡은 업무 때문에 받은 스트레스란다. 우리는 모두들 선배가 자신이 평생 닦은 경험을 후학들에게 전파하며 말년에 평안한 나날을 보내고 있을 것이라 믿고 있었다. 그런데 대상포진이 걸릴 정도로 극심한 스트레스에 시달렸다니 선뜻 납득이 가지 않았다.

선배도 전라도로 내려가기 전까지는 우리나라 대학의 현실이 그토록 다급한지 몰랐다고 한다. 하기야 우리나라 대학이 운영의 문제가 아니라 존폐의 갈림길에 들어선 것이 일이 년 전 이야기가 아니다. 대학마다 난리다. 인구가 밀집되어 있는 수도권이나 근접한 도시는 그런대로 정원을 유지하고 있지만 수도권에서 멀리 떨어진 지역의 대학일수록 문제는 더욱 심각하다. 해마다 학생들이 줄어 정원의 반도 채우지 못하는 대학이 부지기수다. 학교에서 가장 귀중한 존재는 학생이다. 학생 없는 학교는 빈껍데기일 뿐이다. 학생이 없으면 당장 학교 운영이 어렵고 결국 폐교할 수밖에 없다. 대학마다 학생을 모시기 위해 혈안이 되어 있다. 그러다 보니 교수들도 영업사원이 되어 고등학교를 찾아다니며 일 년 내내 학생 모집에 신경 써야 한다. 연구실에 앉아서 연구를 해야 할 교수들이 현장으로 내몰렸으니 학문적 발전은 고사하고 연구할 시간적·심적 여유가 없다.

선배 역시 소속은 학과에 소속되어 있지만 주 업무는 학생 모집을 전담하고 있다고 했다. 오늘 여기에 올라온 것도 동문이 있는 모 고등학교에 특강 형식을 빌려 학생들을 모집하기 위해서라고 한다. 학생들을 가르치는 본업과는 별개인 학교 운영을 위해 영업활동을 해야 하는 문제로 심적 갈등이 심했다고 한다. 결국 면역력 저하로 대상포진에 걸려 죽을 고생을 했단다. 그렇게 고생을 하고 난 후에 단칼에 학교를 그만두었어야 하는데 무슨 미련이 남아 계속 이 일을 계속하고 있는지 모르겠다고 했다. 하지만 그것은 미련이 아니고 당장 살아야 하기 때문이라는 것을 선배나 나나 서로 잘 알고 있었다. 정년은 했지만 연금을 받으려면 아직 십 년 가까이는 기다려야 하고 아이들에게는 한참 돈 들어갈 때이니 불리한 조건이라도 선뜻 내치기는 어려웠을 것이다. 그러면서도 우리는 계속 상투적이고 겉도는 이야기만 했다.

술자리가 으레 그러하듯 먹다 보면 평소에는 생각나지 않던 지인들이 자꾸 생각나는 법이다. 이런저런 세상 구르는 이야기를 하다 선배가 모처럼 만에 ○○ 후배가 보고 싶다고 했다. 후배를 불렀다. 그는 사업을 하다 얼마 전 부도가 나서 지금 큰 어려움을 겪고 있었다. 어떻게 지내고 있는지 근황이 궁금해서 부르기는 했지만 우리는 곧 자신들의 걱정거리를 잊고 또 다른 걱정에 빠졌다. 후배가 오면 무슨 말을 해줘야 할까 하는 걱정이었다. 어떤 말을 한들 후배의 고통을 해결해 줄 수는 없다. 후배가 현재 겪고 있는 고통을 일시에 해결해 줄 수 있는 유일한 방법은 돈뿐이다. 우리도 그것을 잘 알고 있다. 그러나 그럴 수 없기에 더 고민스러웠다.

요즘은 후배들에게 술을 사주겠다며 함부로 불러내도 욕을 먹는 시대가 되었다. 그러나 우리는 구세대 유물이라 그런지 부르면 아무 생각 없이 달려간다. 후배가 왔다. 그런데 얼굴이 환하다. 누가 생각해도 지금 제일 힘들어해야 할 사람은 후배였다. 우리가 상상했던 걱정거리에 찌든 그런 얼굴이 아니다. 순간 머릿속을 스쳐가는 이율배반적인 느낌에 적이 당황했다. 우리가 어떻게 사느냐고 걱정을 하자 자신은 괜찮다며 도리어 어떻게 지내시냐며 우리를 위로한다. 모든 것을 내려놓고 나니 오히려 홀가분하단다. 요즘은 마음이 편하니 살 것 같단다. 큰 빚을 졌으니 어찌 마음이 편할 리 있겠는가. 그래도 선배들이 걱정할까 애써 속마음을 감추는 그 마음이 고맙다. 그러더니 부도를 맞았을 당시 곧바로 정리를 했다면 다른 사람들에게 덜 피해를 입혔을 텐데 복구할 수 없음을 알면서도 혹시나 하는 마음에 그때

멈추지 못했던 자신이 후회스러울 뿐이라고 했다. 남에게 큰 피해를 입히고도 고개를 빳빳하게 드는 그런 몰염치한 사람이 아니기 때문에 후배의 속마음은 몹시 괴로울 것이 분명했다.

걱정거리가 없다면 지루해서 무슨 재미로 사느냐고 말하는 사람도 있다. 걱정거리 없이 살아갈 수는 없겠지만 그래도 사람들이 견뎌내기 어려운 고통은 이 세상에서 사라졌으면 좋겠다. 사람들이 그런 걱정은 겪지 않았으면 좋겠다.

파치 난 뻥튀기 같은 글

느지막이 점심을 먹고 대문을 나섰다. 집 앞에 있는 매봉산을 가기 위해서였다. 참으로 오랜만이었다. 아마도 작년 늦가을 이후 처음인 듯싶다. 봄이 되면서부터 한번 가봐야지 생각만 하다 어느새 계절을 넘기고 말았다.

요즘 사람들은 건강을 위해서라면 비용을 지불해가면서까지 운동을 한다는데 게으른 나는 코앞에 산을 두고도 차일피일 미루곤 했다. 이유는 가지가지였지만 천성이 게으른 것이 모든 핑계의 근원이었다. '집 나간 놈 밥은 있어도 자고 있는 놈 밥은 없다'고 돌아가신 할머니께서 늘 말씀하셨다. 게으름은 만인이 경계해야 할 적이었다. 그래서 며칠 전부터 이번 주말에는 꼭 가야지 다짐에 다짐을 했던 터였다.

어슬렁어슬렁 새마을금고를 지나고 고향식당을 지나 큰길을 건넌다. 휴일에 날씨가 쾌청해서인지 모두들 야외로 나들이를 갔는가 보다. 거리가 한산하다. 버스 다니는 큰길을 건너면서부터 매봉산 입구까지는 미로처럼 얽히고설킨 골목을 지나야 한다. 아파트단지 사이로 잘 단장된 길을 두고 굳이 지저분하고 어수선한 골목길을 따라가는 것은 한눈팔 눈요깃거리가 많기 때문이다. 그중에서도 내가 제일 좋아하는 곳은 뻥튀기 집이다.

우리 동네 '해성제과'다. 골목길에 걸맞게 이름도 촌스럽다. 촌스런 이름만큼 가게도 단순하기 그지없다. 요즘 손바닥만 한 틈이라도 있으면 자신들의 존재를 알리기 위해 온갖 세련된 그림과 문자로 치장하는 판에, 해성제과는 좀 뻥을 치면 운동장만 한 가게 전면의 통유리에 투박한 글씨로 '각종 튀밥 도산매'와 전화번호만 적혀있을 뿐이다. 가게 안을 들여다봐도 단순하기는 마찬가지다. 대여섯 평쯤 되는 가게 안에는 아무것도 없다. 한쪽으로 '펑! 펑!' 소리를 내는 뻥튀기 기계만 두어 대 있을 뿐 나머지는 빈 공간이다.

구불구불한 골목을 빠져나가자 어김없이 '펑펑' 소리가 들려온다. 멋이라고는 조금도 부리지 않은 해성제과의 간판이 보인다. 밖에서 글씨 사이로 안쪽을 살피니 분주하게 손을 놀리는 아주머니들 모습이 보인다. 조금의 오차도 없이 일사불란하게 움직이는 최신형 기계는 아니지만 그래도 뻥튀기 기계는 반자동이다. 기계가 제각각 불협화음을 내면서도 순식간에 수북하게 뻥튀기를 토해낸다. 그러면 아주머니들은 재빠른 손놀림으로 온전한 놈과 불량품을 골라 비닐 자루에 넣는다.

내가 해성제과를 좋아하는 것은 이곳에만 오면 마음이 풍족해지기 때문이다. 이따금 매봉산을 오르는 길에 들여다보면 텅텅 비어있던 가게 안이 두 시간쯤 산을 돌고 내려오면 어느새 그득하게 뻥튀기로 채워져 있다. 천장에 닿을 정도로 그득 쌓여있는 하얀 뻥튀기 자루를 보고 있노라면 곳간에 쌓여있는 그득한 쌀가마를 보는 것처럼 속까지 든든해진다. 더욱 좋은 것은 '파치'라고 하는 불량 뻥튀기이다. 이 놈들은 튀기는 과정에서 부서졌거나 정품처럼 부풀지 못해 상품 가치가 없는 지질한 놈들이다. 나를 더욱 부럽게 만드는 놈들은 이런 파치다. 세상의 대부분 파치는 버려지지만 해성제과의 파치는 그렇지 않다. 불량품인 파치가 사람들을 더 흡족하게 만들어준다. 말짱하게 잘 만들어진 정품은 작은 봉지에 포장되어 가지런하게 쌓아놓고, 파치는 커다란 비닐 자루에 아무렇게나 담겨 한쪽 구석에 밀어놓았다. 찌질한 이놈들은 이천 원만 주면 한 자루를 살 수 있다. 정품이나 파치나 맛은 똑같은데 양이 푸짐하니 흐뭇하기 그지없다.

파치 난 뻥튀기를 사서 들고 집으로 오며 공연한 생각을 해본다. 글을 쓴다네 번잡을 떨고 온갖 폼을 잡으며 이제껏 단 한 번이라도 사람들 마음을 푸짐하게 만들어준 적이 있는지 의문이다. 온전한 놈은 말할 것도 없고 잘못 튀어져 불량품이 된 놈도 누구에게나 만족을 주는 뻥튀기가 그래서 부럽다. 파치 난 뻥튀기처럼 쓰다가 튼 글을 보고도 사람들에게 감동을 줄 수 있는 그런 글을 써보고 싶다.

2부

우리 집 감나무 이야기
어머니의 열무김치
풀하기
아버지의 노래
삼 동서의 하룻밤
돌려준 결혼반지
밤꽃 필 때면
도배를 하며
염치없는 짓
새싹 열무를 사다가
벌초
질금을 내며
어머니 사진을 보다가

우리 집 감나무 이야기

봄은 봄인가 보다. 며칠 봄비가 내리고 나더니 사방에 꽃이 지천이다. 우리 집에도 꽃들이 하나둘씩 피어나기 시작했다. 그런데 봄이 되면서 한 가지 걱정거리가 새싹처럼 돋아났다. 그것은 마당에 있는 감나무 때문이었다.

우리 집 마당에는 대봉 감나무 한 그루가 있다. 내가 이 집으로 이사 오면서 심은 감나무였다. 그러니까 큰 녀석이 세 살 되던 해였고, 작은 녀석이 태어났던 해이니 어느새 감나무도 꽤 연세를 잡수신 셈이다. 우리 부부가 만나 아이들이 생겨나고 장성할 때까지 우리 식구와 함께 모든 희로애락을 공유한 셈이니 단순한 감나무가 아니라 한 식구처럼 느껴진다.

지금은 어떤지 모르겠지만 삼십 년 전쯤에는 해마다 이맘때 무심천 둔치에서 묘목시장이 열리곤 했다. 그때 그곳에서 나는 어린 감나무 묘목을 사가지고 왔다. 아이 손가락처럼 가늘디가늘던 감나무가 모진 추위를 몇 해 넘기고 처음으로 감이 열렸던 그 해를 지금도 기억하고 있다. 열댓 개 남짓 달린 감 하나하나가 허풍을 좀 치면 호박만 했다. 가냘픈 가지에 호박만 한 감을 달고 있으니 허리가 부러질 지경이었다. 감나무야 죽을 지경이든 말든 마당에 나가 익어가는 감을 바라보고 있으면 그렇게 흐뭇할 수가 없었다. 지금은 광주에 가 계시지만 생전에 우리 집에 자주 들르시던 정 목사님께서도 달린 감을 보실 때마다 찬사를 아끼지 않으셨다. 가을이 되면 감을 맛 보여 드리곤 했는데 푸짐했던 첫해에도 그리했는지는 기억이 잘 나지 않는다.

그렇게 우리 집에 온 감나무가 세월이 쌓이는 동안 몸통이 어른 허벅지보다도 더 굵어졌다. 키도 지붕보다 높게 훌쩍 크고 가지도 풍성하게 사방으로 뻗어 훌륭한 그늘을 만들어주었다. 더운 여름날 저녁에는 그늘 밑에 들마루를 펼쳐놓고 친구들을 불러 고기 구워 술 마시는 즐거움도 컸다. 또 좋은 것은 늦가을이었다. 첫해 같지는 않아도 여전히 어른 주먹만 한 튼실한 감이 주렁주렁 달린 모습을 바라보고 있노라면 배가 부르고 온 마당이 환했다. 우리 집에 오는 사람들은 감나무를 보고 모두들 덕담을 했다. 그 덕담을 듣고 감나무는 매년 가을만 되면 맛있는 열매로 고마움을 표시했다. 나도 덕담을 해주었던 사람들에게 감을 따면 나누어주었다.

우리 집에 가스 배달 오는 연세 지긋한 아저씨는 우리 집을 '감나무집'이라 부른다. 언젠가 배달 온 그분이 참 먹음직스럽다기에 잘 익은 홍시 몇 개를 나무에서 직접 따드렸다. 그 아저씨는 아직도 그때를 기억하며 가스배달을 올 때마다 감 이야기를 잊지 않고 했다. 유난히 감을 좋아하셨던 돌아가신 우리 할머니도 달고 물 많은 우리 집 대봉감을 특히 좋아하셨다. 잎사귀가 모두 떨어지고 서리가 오기 직전 한 광주리를 따다 드리면 그것으로 끼니를 때우곤 하셨다.

한 번은 군대 갔던 큰아들 녀석이 첫 휴가를 온다는 기별이 왔다.

한창 감이 무르익을 대로 익어가고 있을 때였다. 나는 아들이 감 먹는 모습을 상상하며 때맞춰 휴가 나오는 것을 무척 다행스럽게 생각했다. 그러나 휴가는 점점 늦어지고 감은 점점 물러져갔다. 잎사귀는 몽땅 떨어지고, 녀석이 올 때까지 감이 제대로 달려있기나 할는지 조바심이 일었다. 어떻게든 나무에서 직접 딴 감을 먹이고 싶었다. 궁리 끝에 나는 달린 감 중에서 토실토실한 놈들만 골라 눈비에 젖지 않도록 투명한 비닐봉지를 씌워놓았다. 감나무가 복숭아나무로 변했다. 아내는 그 광경을 보고 배를 움켜쥐고 웃었다. 하지만 나는 아내 역시 그 웃음 속에 어떤 마음을 품고 있는지 잘 알고 있었다. 그해 녀석은 그 감을 끝내 먹지 못했다. 녀석의 휴가가 한참이나 연기되었기 때문이었다. 겨우내 감나무에는 눈을 맞으며 봉지가 씌워져 있었다.

그런 추억들이 우리 집 감나무에는 주저리주저리 열려 있다. 감나무도 나이를 먹어가는 동안 돌아가신 분들도 여럿이지만, 아직도 가을만 되면 우리 집 감을 기다리는 이웃들과 식구들이 많다. 우리 동네 담배집·만인하이퍼·달걀집 할머니, 누워서 오지도 않는 아들만 기다리는 뒷집 할아버지, 가스집 아저씨, 우리 어머니, 감을 정말 좋아하는 작은어머니, 동생네 장모님, 나의 형님이 우리 집 감나무를 기다리는 찐 팬이다.

그런데 올해는 감나무로부터 받았던 즐거움을 더 이상 누리지 못할 것 같다. 아무래도 감나무가 새 잎을 틔우기 전에 베어버려야 할 것 같다. 작년에 앞집으로 이사 온 사람이 자신들의 뒤란을 가린다며 끊임없이 잔소리를 한다. 아내가 그 집 뒤란을 쓸어주어도 소용이 없다. 어떤 때는 감이 떨어져 기왓장이 깨졌다며 애먼 소리도 한다. 보통 성가신 것이 아니다. 별반 감도 좋아하지 않으면서 매해 낙엽만 치워야 하는 아내도 이참에 감나무를 베어버리자고 덩달아 잔소리를 한다.

이젠 나도 더 이상 버티기가 어려울 것 같다. 아무래도 이웃과 가정의 평화를 위해 돌아오는 일요일에는 삼십 년 추억이 담긴 우리 집 감나무와의 인연을 끊어버려야 할 듯싶다.

어머니의 열무김치

일요일 아침이다. 요일에 큰 구애 받지 않고 사는 데도 휴일이 좋다. 무언가에 얽매여 있다가 풀려난 느낌이다. 그런 일요일 오전 시간을 즐기며 아침밥도 거른 채 빈둥거리며 느긋한 기분을 즐기고 있었다. 그런 평화로움을 깨고 전화벨이 울렸다.

어머니셨다. 김치를 가져가라고 하신다. 어머니는 연로한 연세에도 불구하고 아직도 온갖 먹을거리를 해놓고는 전화를 하신다. 겨우내 묵은 김치에 질렸을 테니 새로 담근 김치를 갖다 먹으라 하신다. 그 마음을 모르는 것은 아니지만 일요일 아침을 깨는 어머니께 슬그머니 짜증이 일었다.

내 입이 방정이었다. 어머니를 보러 갔다가 며칠 전 식당에서 먹은 열무김치가 맛있더란 이야기를 무심코 했었다. 어머니는 그 얘기를 잊지 않고 있다가 자식을 먹이기 위해 김치를 담그신 것이 분명했다.

작년까지만 해도 어머니는 당신이 담그신 김치나 반찬을 작은 손수레에 싣고 직접 오시거나 택시를 타고 가져오셨다. 그런데 무거운 것을 들고 다니는 것이 이제는 힘에 부치시는지 얼마 전부터는 전화를 하셨다. 어머니 전화를 받고도 나는 한달음에 달려가지 않았다. 다 해놓은 김치를 날름 가져다 먹는 것도 귀찮아하며 차일피일 미루곤 했다. 그러면 어머니는 노심초사하셨다. 바빠서 오지 못하는 것이라며 재촉도 하지 않으셨다. 그러고는 "맛있을 때 먹어야 하는데……."라고 안타까워하며 김치를 가져갈 때까지 혼자만 애를 태우셨다.

그런데 어머니와 통화를 끝낸 지 얼마 지나지 않아 또 전화벨이 울렸다. 이번에는 아버지셨다. 오지 말라고 하신다. 어머니가 김치를 몽땅 쏟아 먹지 못하게 되었단다. 순간 안타까워하시는 어머니 모습이 먼저 떠올랐다. 속상해하실 어머니를 생각하니 부아가 치밀었다. 여든도 훨씬 넘은 노인이 조금이라도 더 연하고 좋은 열무를 사려고 육거리 시장을 몇 바퀴나 돌아쳤을 것이다. 또 그것을 작은 손수레에 싣고 힘겹게 집에 와 더듬거리며 다듬고 씻고 양념해서 버무리고, 아마도 이틀은 온 신경을 쏟으셨을 터였다. 그렇게 힘들게 담은 열무김치를 맛도 보기 전 엎어버렸으니 아까워 어쩔 줄 몰라 하실 어머니 생각에 더욱 가슴이 쓰렸다.

부모님께서는 내가 사는 집에서 2킬로미터쯤 떨어진 아파트에 살고 계신다. 사흘 전, 두 노인만 계시는 아파트에 들렀다. 어머니는 호박죽을 끓인다며 늙은 호박 껍데기를 벗기고 계셨다. 그런데 호박 껍데기와 살을 구분할 수 없으니 일일이 손끝으로 만져가며 촉감으로 껍데기를 벗기고 있었다. 어머니는 노안으로 시력이 약하다. 특히 실내나 어두운 곳에서는 침침해서 자식 얼굴도 잘 알아보지 못하고 목소리를 듣고서야 알아차리신다. 그나마 두 분이 끓여 잡수시며 살림을 할 수 있는 것도, 평생 한집에 살며 익숙해진 살림살이기 때문이다. 그날도 더듬거리는 어머니 손놀림이 안타까워 도와드리려 했더니 손 더럽힌다며 얼씬도 못하게 하셨다. 그런 김치를 엎었으니 어머니는 얼마나 속이 상하셨을까.

한참 후 어머니로부터 다시 전화가 왔다. 김치통 뚜껑을 설 닫은 줄 모르고 손잡이를 들었다가 뚜껑이 열리며 부엌 바닥에 몽땅 쏟아졌단다. 그리고 이제 겨우 치우셨단다. 그러면서 다시 담가놓을 테니 시간 나는 대로 와서 가져가란다. 그 이야기를 듣자니 슬그머니 부아가 치밀었다. 먹고 싶으면 담가먹든가 사서라도 먹을 테니 이젠 그만 하시라고 짜증을 부렸다.

“내가 해줄게 뭐 있니? 조금이라도 힘 있을 때 그런 거라도 해서 바쁜 너희들을 도와줘야지.”

전화기에서 흘러나오는 어머니 목소리에 코끝이 싸하게 아렸다.

또다시 육거리시장을 가시고, 좋은 열무를 사려고 시장을 돌고, 아파트로 끌고 와 베란다에 펼쳐놓고 손끝으로 열무 가닥 가닥을 더듬어 가며 다듬을 어머니 모습이 눈앞에 떠올랐다.

어머니와 내가 하는 소리를 듣던 아내가 이제는 우리가 김치를 해서 가져다드려야겠다고 했다. 그러나 그 이야기도 벌써 수년 전부터 매번 되풀이되어 온 이야기였다. 김치담기를 어려워하고 자신 없어 하는 아내이기에 속상할 때면 한 번씩 버릇처럼 내뱉는 공염불일 뿐이다. 그러니 아직도 한참을 더 어머니 열무김치를 얻어먹을 속셈인가 보다.

풀하기

왔는가 싶게 어느새 봄은 지나가고 더위가 시작되는 이맘때가 되면 어머니는 빳빳하게 풀 먹인 삼베 이불과 베갯잇을 싸가지고 오신다. 그러고는 겨우내 덮었던 묵은 이불 홑청을 뜯어내고 새 홑청으로 바꿔 시침질을 해 바꿔주신다. 그런 날이면 나는 옆에 붙어 앉아 어머니를 대신해 바늘귀를 꿰곤 한다. 그러고는 어렸던 시절 고향에서의 기억을 떠올리며 어머니와 추억담을 시작한다.

우리 고향에는 지금도 백두대간의 하설산 깊은 골에서 내려오는 성천이 흐르고 있다. 지금도 깨끗하니 그 옛날에는 얼마나 맑았을는지 짐작도 하지 못할 것이다. 긴긴 겨울이 지나고 봄이 오면 여자들은 묵은 빨랫감을 한아름씩 모아 이고지고 마을 앞 성천으로 나갔다. 무릎까지 치마를 둥둥 걷어 올린 엄마들은 아직도 뼈가 시린 찬물에 들어가 빨래를 텀벙텀벙 물에 담갔다가 묵은 때를 씻어냈다. 물가에는 집집마다 걸어놓은 솥에 빨아놓은 빨래를 삶았다. 겨우내 쌓인 식구들 빨래를 하루 종일 빨고 수도 없이 삶아냈다. 그리고 삶은 것을 흐르는 물에 다시 헹궈 깨끗하게 된 빨래를도랑가 자갈밭에 널어 말렸다. 그런 날은 성천 물가에는 온 동네 빨래로 빈자리가 없었다. 그렇게 말린 빨래는 저녁이 되어야 집으로 옮겨왔다.

본격적인 풀하기는 그때부터였다. 모아두었던 찬밥을 솥에 끓이고, 죽처럼 퍼진 밥을 자루에 넣고 팔이 빠지도록 치대 고운 풀물을 뺐다. 그렇게 뽑은 풀물을 널찍한 함지박에 붓고 말린 이불 홑청을 담가 골고루 풀이 배도록 수없이 주물럭거렸다. 그러고는 볕 좋은 마당에 내다 널었다. 따뜻한 봄볕에는 풀 먹은 홑청도 버쩍버쩍 말랐다. 그러면 대청마루에서는 걷어온 홑청에다 입으로 물을 '푸푸-' 뿜었다. 풀이 먹어 버석거리던 홑청이 물을 맞고 노글노글해지면 두 사람이 마주 보고 서로 잡아당기며 구김살을 폈다. 그러고는 다시 빨랫줄에 내다 걸었다. 대청과 마당을 오가며 그런 과정을 종일 되풀이해야 했다. 그렇다고 풀하기가 끝난 것이 아니다.

풀하기의 백미는 단연 다듬이질이었다. 다듬질하는 시간이 딱히 정해져 있는 것은 아니었다. 그런데도 다듬질은 대체로 저녁상을 물리고 난 초저녁에 시작했다. 낮에는 식구들 치다꺼리와 집안 살림을 하느라 틈이 나지 않기 때문이다. 모든 일과가 끝나고 엄마들이 조금 한가해질 시간이 하루 중 그때뿐이었다. 봄볕에 하루 종일 말린 홑청을 다듬이 크기에 맞춰 네 귀를 정리해 개키고 적당히 물을 뿜어 발로 밟아 숨을 죽이고 나면 드디어 다듬질이 시작되었다.

다듬이 두드리는 소리는 예술이다. 이 세상 어떤 음악과 견주어도 결코 뒤처지지 않는다. 우리 어머니도 다듬질을 참 잘하셨다. 혼자서도 잘하셨지만 마실 온 이웃 아줌마와 손을 맞춰 함께 두드리는 방망이질은 환상적이었다. 다듬이 소리는 들을수록 신이 났다. 서로 말 한마디 나누지 않으면서도 어떤 때는 빠르고 느리게, 어떤 때는 강하게 약하게, 어떤 때는 오른쪽에서 왼쪽으로, 어떤 때는 왼쪽에서 오른쪽으로 장단을 맞춰가며 두드리는 데도 절대 어긋나는 법이 없었다. 볼수록 신기한 일이었다. 멀리서 들려오는 방망이 소리도 좋지만 바로 가까이 눈앞에서 두드리는 방망이 소리도 참 듣기 좋았다. 어머니 다듬질을 보고 있노라면 어느새 잠이 솔솔 몰려오면서 방망이질 소리가 가까워졌다 멀어졌다 하였다.

그렇게 풀 먹인 홑청을 싸가지고 어머니는 매년 이맘때면 아들 집을 오셨다. 풀 먹인 까슬까슬한 이불을 덮고 자는 저녁이면 무덥고 습습한 여름도 멀찍이 달아나버렸다.

한 달여 전쯤 아내와 함께 난생처음 풀을 했다. 연로하신 어머니의 수고를 덜어드릴 요량에서였다. 우리의 풀하기 작업은 인터넷 검색부터 시작되었다. 거기에 보태 어린 시절 각자의 집에서 보았던 기억을 더듬어 서로의 정보를 교환하기도 하고, 때로는 고집을 세워가며 풀 먹이기에 돌입했다.

홑청을 빨고 말리는 일은 세탁기가 알아서 하니 손댈 필요도 없었다. 우선은 홑청에 먹일 풀부터 준비하면 될 일이었다. 찬밥이 없으니 새로 밥을 한 다음 다시 거기에 물을 부어 멀겋게 죽을 끓였다. 그런 다음 죽을 면보에 넣은 후 치대어 풀물부터 만들었다. 그런데 풀물을 뽑아내는 것이 쉽지가 않은 일이었다. 손으로 주물렀다가 빨래판에 놓고 문질렀다가 반복해도 풀물은 쉽게 불어나지 않았다. 이제 겨우 시작인 듯한데, 벌써 꾀가 나기 시작하고……. 드디어 빨아 널었던 홑청을 풀물에 넣고 손으로 박박 치대었다. 하나, 둘… 그런데 아뿔싸! 이게 무슨 일이란 말인가. 아직도 홑청은 몇 장이 더 남았는데 풀물이 턱도 없이 모자랐다. 처음 하는 풀이니 경험이 없어 계량을 하지 못한 것이었다. 결국 다시 밥을 하고 물을 부어 죽을 쑤고 풀물을 만들었다. 풀 먹이기가 끝나자 또 문제가 생겼다. 이번에는 말리는 것이 문제였다. 풀을 잔뜩 먹은 홑청을 마당의 빨랫줄에 넌 것이 화근이 될 줄이야. 풀에 달라붙은 홑청이 서로 척척 감겨 너는 것도 보통 일이 아닌데다가 가까스로 홑청을 널고 났을 때는 온몸에 풀투성이가 되었다. 해가 바쁘니 덜 마른 것을 걷어다 대충 접어 발로 꾹꾹 밟았다. 다듬이가 없으니 수족을 이용할 수밖에. 하기야 다듬이가 있다손 치더라도 다룰 재주가 없으니 무슨 소용이랴. 밟은 홑청을 다시 널고 반복하다 보니 어느새 하루해가 갔다. 하루면 될 것이라 생각한 풀하기는 이튿날까지 꼬박 이틀이 걸렸다. 닭 잡는 줄 알고 대수롭지 않게 대들었다가 소 잡는 격이 되고 말았다.

우여곡절 끝에 처음으로 시도한 풀하기 작업이 끝이 났다. 그런데 어째 이상하다. 홑청이 매끄럽지 않았다. 홑청 전체가 주름투성이다. 어머니의 홑청은 윤기가 나고 다림질을 한 것처럼 매끈매끈하고 손이 베일 정도로 빳빳했었는데 우리의 결과물은 하지 않은 것보다야 좀 낫겠지만 풀 기운이라곤 느낄 수 없을 정도로 흐물흐물했다. 무엇이 잘못되었던 것일까. 풀물을 너무 약하게 한 탓일까? 풀 먹인 홑청을 너무 꽉 짜버린 탓일까? 그래도 직접 풀을 했다는 것만으로 우리 부부는 위안을 삼았다.

풀하기를 했던 기억도 까맣게 잊혀가던 어느 날, 외출을 했다 집으로 돌아오니 이불 홑청들이 모두 나와 빨랫줄에 걸려 있었다. 어머니가 오신 것이 틀림없었다. 풀을 했다는 아내의 말을 듣고 어떻게 했나 보려고 오셨단다. 어머니가 나를 보더니 코웃음을 치셨다. 어머니는 아내와 함께 마주 앉아 홑청을 잡아당기며 당신이 평생 해온 풀하기 비법을 전수하고 계셨다. 그러고는 말씀하셨다.

"귀찮다고 생각하면 힘들어 못하지. 그러나 이걸 덮고 편하게 잠들 아들을 생각하면 조금도 힘들지 않어."

나는 그제야 이제껏 어머니가 입힌 것은 풀이 아니라 정성을 먹인 것이라는 것을 알았다.

아버지의 노래

작은아버지 칠순잔치에서였다. 아버지께서 노래를 부르셨다. 아버지 노래를 그날 처음 들은 것은 아니었다. 자주는 아니었지만 아주 드물게 아버지께서 부르는 노래를 듣기는 했다. 그런데 그날따라 아버지 노래를 들으며 가슴이 마구 뛰었다. 그것은 설렘보다는 아쉬운 마음에서였다.

칠순을 맞은 작은아버지는 아버지와 열여섯 살이나 나이차가 있는 막냇동생이다. 할아버지께서 아버지를 열여덟에 보셨다고 하니 아버지도 동생이 아들 같았을 것이다. 조카인 나도 어려서부터 삼촌을 형처럼 따르며 함께 자랐다. 어릴 때부터 작은아버지는 운동을 좋아하고 끼가 넘쳤다. 특히 노래 부르기를 좋아해 동네는 물론 인근 마을에서 개최하는 노래자랑에는 빼놓지 않고 참가해 냄비, 양동이, 함지 같은 경품들을 싹쓸이해왔다.

그러나 아버지는 그런 작은아버지를 매우 못마땅하게 여기셨다. 아버지는 자식 같은 동생을 공부시켜 면서기를 만들고 싶어 하셨다. 당시는 삼시 세끼만 먹어도 살림이 택택하다 할 정도로 모두들 사는 형편이 좋지 못할 때였다. 우리 집 역시 비슷한 형편이었을 것이다.

그래도 아버지는 초등학교를 졸업한 동생을 더 공부시키기 위해 제천이라는 도회지로 나가셨다. 아버지의 소원인 우리 집안에서 관공서에 다니는 직원 한번 만들어보겠다는 일념에서였다.

결론부터 말하자면 아버지의 바람은 이루어지지 않았다. 아버지의 뜻과는 달리 작은아버지는 도통 공부에 관심이 없었다. 작은아버지는 앉아서 하는 일보다는 움직이는 것을 좋아했다. 그러니 공부가 될리 없었다. 겨우 중학교를 졸업했다. 아버지는 무슨 수를 내더라도 고등학교에 보내보려고 했지만 막무가내로 학교에 가지 않으려는 작은아버지를 어찌할 수가 없었다. 결국 도회지로 나갔던 우리 식구들은 다시 고향으로 돌아왔다. 사실 여기까지는 내가 아주 어렸던 때라 잘 기억나지 않는다. 다만 자라면서 어른들로부터 들어온 이야기이다. 그러나 다음 이야기부터는 지금도 확연하게 떠오른다.

고향 집으로 돌아온 작은아버지는 그때부터 저지레를 하며 방황했다. 작은아버지 혼자만 그런 것이 아니라 동네 같은 또래의 아재들과 함께였다. 그들과 함께 휩쓸려 다니며 온갖 말썽을 피웠다. 그러다 객지로 도망을 가기도 했다. 우리 동네에서는 그것을 '갱갱이 간다'고 했다. 시시때때로 그렇게 말썽을 피우니 아버지는 동생을 심하게 다뤘다. 언젠가는 갱갱이를 갔다가 붙잡혀온 작은아버지를 아버지가 부엌에서 매 타작하는 것도 보았다. 작은아버지는 자신이 그렇게 하고 싶은 가수를 하지 못하게 하니 불만이 쌓여 가출을 하는 것이었다. 아버지는 아버지 나름대로 동생의 앞날을 걱정해서였다. 지금이야 노래하고 춤추는 사람들을 연예인이라 하여 부러워하는 대상이 되었지만 당시만 해도 '딴따라'라 해서 상거지 취급을 받을 때였으니 아버지도 허락할 수 없었을 것이다. 언젠가 작은아버지는 "형님이 그렇게 못하게 하지만 않았어도 난 가수가 되었을 것"이라고 원망 섞인 말을 했다. 그때는 내가 괜스레 작은아버지께 죄송한 생각이 들었었다.

그렇게 세월이 흘러 자연스럽게 작은아버지의 꿈은 우리의 기억 속에서 사라져버렸다. 가족들도 모두들 작은아버지가 꿈을 접었다고 생각했다. 그동안 작은아버지도 혼인을 해 일가를 이루고 가장이 되었다. 그리고 가족들을 먹여 살리기 위해 생활 전선에서 혼신의 힘을 다해 일했다. 그리고 퇴직을 했다. 그런데 언제부터인가 퇴직 후 노래봉사를 다닌다는 이야기가 간간이 들려왔다. 그래서 그런지 집안 대소사에 오시면 예전과는 판이하게 달라진 자신감 넘치고 밝은 작은아버지의 표정을 볼 수 있었다. 노래의 힘이었다. 작은아버지는 자신의 꿈을 포기한 것이 아니었다.

마침내 작은아버지는 칠순을 앞두고 당신의 노래 '부귀영화'를 취입해 정식 트로트 가수가 되었다. 그리고 칠순 잔칫날 식장에서 당신의 데뷔곡을 처음으로 하객들에게 선보였다. 일흔이라면 다른 사람들은 인생 황혼기라며 하던 일도 멈추는 지긋한 연세에 작은아버지는 자신의 꿈을 이룬 것이었다. 유명한 가수는 아니지만 그날의 주인공인 작은아버지는 그동안 무대에서 익힌 익숙한 몸동작으로 능숙하게 잔치 분위기를 이끌어 나갔다. 그런 작은아버지의 모습에 일가친척들과 손님들도 손뼉을 치고 환호성을 지르며 즐거워했다. 작은아버지와 함께 공연을 다니는 동료 가수들도 나와 축하 노래를 했다.

한창 분위기가 무르익었을 때 작은아버지가 아버지께 노래를 청했다. 아버지께서 무대로 나가셨다. 그러고는 그렇게 반대하셨던 동생의 노래에 화답으로 노래를 부르기 시작하셨다. 아버지는 손과 발로

추임새까지 넣어가며 구성지게 노래를 부르셨다. 작은아버지도 곁에서 춤을 추며 신명나게 따라 불렀다. 두 형제분의 노래에 어머니와 작은어머니들도 나가서 막춤을 추셨다. 친척 분들도 흥에 겨워 무대 아래서 막춤을 추며 함께 어우러졌다. 식장이 들썩들썩했다. 아버지는 앙코르를 받아 두 곡이나 연거푸 부르셨다.

사촌동생으로부터 칠순잔치를 한다는 연락을 받고 식구들끼리 조용하게 밥이나 한 끼 먹으면 되지 요즘에 촌스럽게 누가 칠순 잔치를 하느냐고 볼멘소리를 했지만 정말 잘했다는 생각이 들었다. 아버지와 작은아버지의 노랫소리를 들으며 이제껏 두 분 사이에 흐르던 어색함이 몽땅 씻겨나가는 시원함을 느꼈다.

한편으로는 이제 얼마나 더 아버지의 저런 모습을 뵐 수 있을까 생각하니 갑자기 가슴이 먹먹해졌다. 아버지의 노래 부르는 모습이 혹여 오늘이 마지막이 될 수도 있다는 생각에 카메라 앵글을 당겨 셔터를 마구 눌렀다. 후일, 오늘을 기억하기 위해.

삼 동서의 하룻밤

우리 집안은 대대로 삼 형제분을 두셨다. 증조할아버지, 할아버지, 아버지 그리고 우리 대까지 모두 삼 형제로 대를 이어 내려왔다. 형제분들이 세 분이니 할머니들, 어머니들도 세 분이다. 딸이 귀하다 보니 집안에 여자는 남의 집에서 시집온 분들뿐이다. 그래서 다른 집에서는 우리를 욕심 많은 집안이라고 말하곤 했다. 내 집 사람은 보내지 않고 남의 집 사람만 데려왔기 때문이다.

이제는 기억조차 희미해졌지만 아직까지도 나를 슬금슬금 웃음 짓게 만드는 어린 시절의 기억이 있다. 내가 초등학교를 다닐 적만 해도 우리 집안은 모두 고향에 모여 살았다. 집성촌이라고까지는 할 수 없었지만 달롱실, 성내 인근에 십촌 이내의 가까운 친척들이 모두 모여 살았다. 그러다 보니 사흘 도리로 집안에 대소사가 있었다. 떼거리가 많으니 집안사람들만 모여도 잔칫집처럼 북적거렸다.

요즘 세상에서는 좀처럼 보기 힘든 광경이 되었지만 그때만 해도 집안 대소사에 일가들이 모두 모여 함께 일을 도왔다. 지금이야 장거리도 대형마트에 가면 몇 시간 내에 뚝딱 사 올 수 있고, 그마저도 귀찮으면 식장이나 식당을 빌려 돈으로 해결하면 되는 편한 세상이 되었지만 그때만 해도 물건도 돈도 귀할 때니 거의 모든 것을 집에서 장만해야 했다. 그러니 대소사 규모에 따라 어떤 때는 사흘 전부터 어떤 때는 일주일 전부터 집안 여자들이 모여들어 준비를 했다. 집이 가까운 아주머니들은 아침저녁으로 오가며 일손을 보탰지만 집이 멀거나 집에 가 봐야 크게 할 일도 없는 할머니들은 사흘이고 일주일이고 줄창 우리 집에 머물며 사사건건 일 참견을 했다. 그리고 밤이 되면 남자들은 사랑방에, 여자들은 안방에 양편으로 갈라져 오글오글한 방에 모여 모듬잠을 잤다.

압권은 그때부터였다. 온갖 음식을 만드느라 지핀 장작불에 후끈 달아오른 구들은 점점 뜨거워지고 밤이 깊어갈수록 할머니들 이야기는 재미를 더해갔다. 으레 사람들이 모여 있는 곳에서 나오는 뒷담화가 그러하듯 할머니들 이야기는 할아버지들에 대한 흉이었다. 그동안 살아오며 묻어두었던 집안 할아버지들의 흉이 하나씩 까발려질 때마다 방안은 자지러지는 웃음소리로 가득 찼다. 할아버지들께서 역정을 낼까 무서워 꾹꾹 참고 있었던 이야기가 침침한 등불 아래서 봇물 터지듯 쏟아져 나왔다. 할아버지들에 대한 할머니들의 성토는 밤이 이슥해지도록 그칠 줄 몰랐다.

오늘 저녁에 아버지 삼 형제분들의 직계만 모이는 저녁 모임이 있었다. 우리는 아버지 삼 형제를 비롯해 우리 삼 형제, 사촌 형제들까지 모두 청주에 모여 산다. 그러다 보니 예전 고향에 살던 때만큼은 아니지만 그래도 집안 행사가 잦은 편이다. 멀리 떨어져 있으면 그 핑계로 가지 않아도 될 사소한 일조차 가깝게 사니 모두 참석해야 한다. 삼 형제분들의 직계인 오촌까지만 모여도 모두 합하면 마흔네 명이다. 그러니 직계들 행사만 챙겨도 버겁다. 대부분 자기 식구들끼리만 모여 단출하게 끝내고 마는 요즘 세태에 오촌까지 모여 행사를 하니 바쁠 때는 짜증이 나는 것도 사실이다. 하지만 이제껏 그리 해왔고 어른들이 그리 원하니 거역하기도 어렵다.

저녁 여섯시, 모임 장소인 시내 외곽에 있는 갈빗집으로 갔다. 오늘은 얼마 전 갑작스럽게 돌아가신 중부 상(喪)을 치르고 난 후 위로 겸 화합의 자리였다. 식당은 우리 식구들만으로도 북적거렸다. 노인에서 어린아이들까지 모였으니 난리 법석이다. 고기가 코로 들어가는지 입으로 들어가는지 도통 정신을 차릴 수가 없다. 하기야 아직 어린 것들이야 서로 만난 게 좋고 노는 게 좋을 뿐이지 왜 만났는지 그 이유는 알아 뭐 하겠는가. 아이들이 어느 정도 배를 채우고 나자 어른들도 모두들 자리를 털고 일어나 상주를 다독이고 각자 집으로 돌아갈 채비를 했다.

그때 어머니께서 "작은어머니들과 오늘 하룻밤 니들 집에서 자면 안 되겠냐?"고 물으셨다. 나는 한 치의 망설임 없이 우리 집으로 가시자고 했다. 중부 일로 가슴앓이를 하고 있을 둘째 작은어머니를 위로하기 위해서라는 것을 나는 알고 있었다. 혼잡한 식당에서는 형제분들도 있고 자식이나 조카들도 있으니 동서들끼리 터놓고 이야기하기가 불편했을 것이다.

저녁을 잘 먹어 아무것도 필요 없다고 했지만 집으로 오는 길에 동네 마트에 들러 장을 보고 아내는 서둘러 안방에 술상을 차렸다. 어머니와 두 분 작은어머니는 이제껏 술상을 차려만 봤지 술상을 받아본 것은 처음이라며 어색해 하셨다. 평생 약주를 한 몸처럼 끼고 사셨던 중부에게 질려 술은 꼴도 보기 싫어하는 중간 작은어머니께도 억지 술 몇 잔을 권했다. 취기가 오르자 작은어머니가 하소연을 하기 시작했다. 자신을 책망하다 중부를 원망하다 오락가락했다. 어머니와 막내 작은어머니가 그 심정을 안다며 위로했다. 종당에는 삼 동서가 번갈아가며 남편들을 흉보기 시작했다. 다른 집안사람들이 우리 피붙이 흉보는 것을 듣고 있노라니 나는 점점 그 자리가 불편해졌다. 계속 앉아 있는 것도 멋쩍어 나는 건넛방으로 슬그머니 자리를 피했다.

밤이 이슥해지도록 안방에서는 삼 동서의 두런거리는 소리가 끊이지 않고 들려왔다. 크지는 않지만 이따금 웃음소리도 들려온다. 예전 고향에서 할머니들이 그랬던 것처럼 어머니와 작은어머니들도 아버지와 작은아버지들의 흉을 보고 있는 것이리라. 아직도 멀었을까? 어느새 시계는 두 시를 넘기고 있었다.

돌려준 결혼반지

어느새 십년 가까운 세월이 흘렀다. 어머니께서 팔순이 되던 해였고, 부모님이 결혼하신 지 육십 년이 되던 해였다. 어머니 팔순에 두 분의 회혼식까지 겹쳤으니 그냥 넘어갈 수는 없었다. 그래서 간소하게나마 잔치를 하기로 했다. 언제나 그랬듯이 형님이 앞장서고, 나는 뒤에서 흉내만 내며 쫓아갔다.

모든 일이 으레 그렇듯 잔치란 것도 아무리 간소하게 해도 하다 보면 커지기 마련이다. 처음에는 부모님 형제자매와 사촌 형제, 그리고 부모님과 가까운 친구 몇몇 분만 초대할 작정이었다. 그렇게 준비하던 중 아버지께서 잔치를 키우자고 하셨다. 이유인즉슨 이제까지 평생 남에게 얻어먹기만 했다, 지금 우리가 이렇게라도 살게 된 것은 모두 그분들 덕택이다, 나이도 많은데 언제 또 잔치를 할 수 있겠느냐, 그러니 많은 분들을 불러 이번에는 마지막으로 대접을 하고 싶다는 말씀이셨다. 부랴부랴 계획을 바꿔 준비를 다시 시작했다.

날씨도 그렇고 준비도 부실해 애를 태웠는데 잔칫날은 식장이 비좁을 정도로 많은 분들이 오셨다. 다행히도 오신 하객들께서 너그러운 마음으로 불편을 참아주셨다. 부모님이 평생 걸어오신 발자취가 담긴 사진을 모아 만든 영상을 오신 분들께 보여드리는 것으로 잔치는 시작되었다. 두 분은 한국전쟁이 막바지에 달했던 1953년에 결혼하셨다. 전쟁 중에 어떻게 결혼식을 올릴 수 있었을까 상상조차 어려운 일이지만, 아버지는 군복무 중 휴가를 나와 그것도 전쟁의 와중에 혼례를 올리셨다. 수년 동안 계속된 전쟁으로 온 나라가 극도로 피폐해진 상황이었으니 두 분 결혼식 역시 격식을 갖춰 제대로 치를 수는 없었다.

아버지는 하객들께 감사의 인사를 하며 결혼할 당시 반지에 얽힌 일화를 떨리는 목소리로 말씀하셨다. 그 이야기는 나도 처음 듣는 이야기였다.

"집에서 혼인 날짜를 잡아놨으니 내려오라고 기별이 왔다오. 전우들이 십시일반으로 모아준 돈을 노자 삼아 집에 오니 그야말로 황당하기 그지없는 거요. 말만 잔칫집이지 집이 하도 가난해서 아무것도 준비된 것이 없었던 거지요. 음식은 고사하고 당장 신부집으로 신행을 가야 하는데 함에 넣을 함속이 전혀 없는 거요. 고민 끝에 오촌 당숙모의 은가락지를 빌려 함속에 넣어 지고 갔다오. 그걸 신부 손가락에 끼워주고 식을 올렸다오. 그리고 빌린 반지니 어찌합니까? 혼례가 끝난 후 신부에게 사정 얘기를 하고 당숙모에게 돌려주었습니다. 그때 아무 말도 하지 않고 손가락에 끼고 있던 반지를 빼주던 식구를 생각하면 지금도 미안하답니다."

아버지의 결혼반지 이야기를 들으며 가슴이 짠했다. 어머니도 그 당시가 생각났는지 눈물을 흘리셨다. 식장을 둘러보니 여기저기서 연세 지긋한 노인들이 눈물을 훔치고 계셨다.

아버지는 결혼식을 올리고 다시 부대로 복귀했고, 어머니는 혼자 시집에 남아 조부모님과 삼촌들 치다꺼리를 하며 시집살이를 하셨다. 어머니가 시집을 온 이후로도 우리 집은 한동안 끼니를 때우기 힘들 정도로 가난했다고 한다. 그러니 남편도 없는 시집에서 어머니의 고생이 어떠했으리라고는 불 보듯 뻔했다.

그러고 휴전이 되었고 제대를 해서 돌아오신 이후 아버지는 평생을 어머니와 가족들을 고생시키지 않아야 되겠다는 일념으로 사셨다고 한다. 두 분이 만나 결코 짧지 않은 세월을 살아오면서 어찌 풍파가 없었을까? 그 풍파를 모두 넘어 이제는 서산에 걸린 해가 되셨다. 두 분은 "자손들 편안하면 됐지, 이제 뭘 더 바랄 것이 있어?"라고 입버릇처럼 말씀하셨다.

그리고 그날 아버지는 많은 사람들이 모인 가운데 자식들에게 가훈을 일러주셨다. "부족해도 만족하며 살라"는 말씀이셨다. 당신들은 이제껏 한 번도 풍족하게 살아본 적이 없었다고 했다. 그러나 단 한 번도 부족하다고 짜증을 내거나 원망을 해본 적도 없다고 했다. 두 분의 이런 마음이 오늘의 우리를 있게 한 원천이라는 생각을 했다.

두 분의 가난했던 결혼식에서 싹이 터 아들 삼 형제가 일가를 이뤘고, 그 밑에 손자·손녀가 다섯이다. 일 년 전에는 증손녀까지 태어났다. 이제 우리 집은 4대가 되었다. 요즘 세상에 보기 드문 일이다. 곧 증손녀의 돌이 돌아온다. 집안에 행사가 또 하나 예약된 셈이다.

오늘 어머니 팔순 잔치가 끝나고 나면 나흘 뒤는 아버지의 생신이다. 요즘은 모두들 살기가 바쁘니 어르신들 생신도 주말이나 일요일로 당겨서 한다. 그러다 보니 정작 당신의 생신날은 아무도 오지 않아 썰렁하게 보내기 일쑤다. 올해 아버지 진짜 생신날은 모시고 나가 따뜻한 국수를 대접해 드려야겠다. 두 분의 결혼반지를 생각하면서…….

밤꽃 필 때면

올해도 어김없이 밤꽃이 피었다. 아내는 밤꽃을 보면 또 할머니 이야기를 할 것이다. 그러고는 아쉬움 가득한 공허한 표정을 지을 것이다.

처조모가 돌아가신 것도 이맘때였다. 어느새 삼십 년이 넘었다. 할머니 상여가 나가던 그날, 집 앞 개울가에 줄지어 서있던 늙은 밤나무들은 밤꽃을 푸지게도 피웠었다. 펄럭이는 앙장에 걸리는 밤꽃을 피하느라 상여꾼들은 상여를 좌우로 흔들며 갈지자걸음으로 십 리 길을 삼십 리로 갔다. 갈래머리처럼 치렁치렁 늘어진 하얀 밤꽃이 흰 상복 같다고 생각한 것은 그날이 처음이었다. 할머니가 돌아가셨던 그해, 유난히도 밤꽃이 흐드러지게도 피었었다.

내가 할머니를 처음 뵌 것은 대학을 졸업하고 그 이듬해였다. 양가의 결혼 허락을 받고 아내와 함께 시골에 계시는 할머니께 인사를 갔던 날이었다. 먼지가 뽀얗게 이는 신작로에서 버스를 내려 마을로 들어가며 나는 그곳이 너무나 마음에 들었다. 백두대간이 지나는 청화산 아래 견훤산성이 개울 너머 닿을 듯 보이는 늘티 마을이었다. 어려서 고향을 떠나왔던 나는 그곳이 우리 고향 덕산처럼 느껴졌다. 그날 할머니를 처음 뵌 곳은 고추밭이었다. 고추가 한참 붉어가는 때라 할머니는 밭에 계셨다. 고추를 따던 할머니께서 손녀딸을 발견하고는 손뼉을 치며 황급한 걸음으로 고랑을 나오셨다.

아내는 할머니를 무척이나 좋아했다. 할머니를 엄마처럼 생각했다고 했다. 그도 그럴 것이 아내는 어려서부터 할머니 손에서 자랐다. 공직에 계셨던 장인어른의 잦은 이동으로 아내는 시골 할머니 댁에 맡겨졌다. 학교에 입학하면서 그곳을 떠나오기는 했지만 할머니에 대한 사무친 그리움은 어찌할 수 없었는가 보다. 이따금 할머니께서 청주에 나오시면 아내는 할머니를 만난 반가움보다 불안감부터 들었단다. 할머니가 하룻밤을 자고 나면 시골로 곧 가리라는 것을 미리 걱정해서였단다. 이튿날 아침이 되면 몇 번이고 할머니 다짐을 받고 학교에 갔지만 종일 공부가 되지 않았단다. 수업이 끝나자마자 달려와 대문을 열면 봉당부터 살펴보았다고 한다. 할머니 고무신이 있는가를 확인하기 위해서였다. 할머니 고무신이 보이지 않으면 가슴부터 철렁 내려앉았다고 했다. 그러면 며칠씩 가슴앓이를 하곤 했단다.

아내의 그런 가슴앓이는 우리가 결혼하고도 마찬가지였다. 그래서 우리는 자주 할머니가 계신 늘티를 찾았다. 나는 잃어버린 고향을 찾아가는 것 같아 좋았고, 아내는 엄마처럼 그리운 할머니를 보는 것이 좋아 마음이 들떴다. 그런 우리를 할머니는 언제나 처음 만났던 그날처럼 손뼉을 치며 환한 얼굴로 맞아 주시곤 했다. 그렇게 우리는 결혼 후에도 할머니 댁을 오가며 지냈고, 첫 아기를 안고 그곳을 찾을 때면 할머니는 아기를 업고 십 리 길을 걸어, 장터에서 짜장면을 사주시기도 했다. 아내는 엄마가 되어서도 할머니와 헤어질 때면 매번 늘티 고개를 넘어오도록 눈가가 촉촉해지곤 하였다.

그러던 어느 날, 할머니께서 편찮으시단 연락을 받고 청주로 모셔 오기 위해 급히 늘티로 향했다. 할머니는 체기가 있다며 사이다만 마셨다. 그때까지도 우리는 할머니 병환을 대수롭지 않게 여겼다. 연세도 일흔을 갓 넘기신 상태였고 치료만 받으면 곧 쾌차할 것을 조금도 의심하지 않았다. 할머니 또한 병원에만 들렀다가 오면 된다며 문단속도 하지 않고 집을 나오셨다. 그러나 할머니는 다시는 고향집으로 돌아가시지 못했다. 우리 생각보다 할머니 병환은 위중했고 곧바로 수술을 하셨지만 수술 이후 할머니는 끝내 깨어나시지 못했다. 고향집을 떠나오신 지 채 열흘도 되기 전이었다. 그렇게 허망하게 할머니는 다시는 돌아오지 못할 먼 길을 떠나셨다.

아내는 내내 울기만 했다. 꽃상여에 타신 할머니께서 평생을 사셨던 고향집을 둘러보실 때도 아내는 그 뒤를 따르며 울기만 했다. 나는 그런 아내를 보며 할머니가 대문을 나서 산으로 가는 길, 개울가에 흐드러지게 피어 있던 밤꽃을 미처 보지 못했을 거라 생각했다. 그런데 언제부터인가 아내는 밤꽃이 필 때면 “할머니가 이때쯤 가셨는데……”라며 허전해 했다.

올해도 어김없이 밤꽃이 피었다. 나는 아내가 밤꽃 핀 것을 보지 못했으면 좋겠다. 아내가 할머니를 그리워하는 것은 좋지만 아내의 허전한 그 표정을 보고 싶지 않다. 아내 스스로 밤꽃이 피었다는 사실을 알아챌 때까지 밤꽃 이야기를 말아야겠다.

도배를 하며

삼십 년이 가까워지도록 집을 손보지 못했다. 큰아들이 유치원을 다니고 작은 아들이 걸음마를 뗄 무렵 한옥을 개조한 이후 이 집에서 자란 녀석들이 성년이 되어 집을 떠났으니 어느새 그렇게 되었나 보다. 물론 그동안 자잘한 것은 손보았지만 도배는 집안 곳곳에 쌓인 짐을 처리하기가 만만치 않아 미루고 미루다 보니 시간이 그렇게 흘렀다. 삼십 년이나 묵은 벽지는 퇴색이란 말이 무색할 정도로 찌들었다. 매일 그 안에 사는 주인은 모르지만 우리 집에 왔던 많은 지인들이 속으로는 혀를 찼을지도 모르겠다. 누구라도 다녀가는 날이면 아내는 창피하다며 성화를 댔지만 그런 것에 둔감한 나는 아내의 볼멘소리를 귓등으로 흘려보내고 있었다.

그러던 어느 날 아침, 일어나 보니 안방 한쪽 벽면 벽지가 찢겨 있었다. 그런데 실수로 무엇엔가 걸려 찢긴 것이 아니라 누군가 일부러 손을 댄 흔적이 역력했다. 그 누군가는 아내였다. 아내 왈, 벽지가 잘 뜯어지나 확인을 해보려다 그리됐다는 것이었다. 새로 일 벌이는 것은 싫어하지만 찜찜한 것은 참지 못하는 내 성격을 이용하려는 아내의 속내를 익히 알고 있었고, 이미 벌어진 일을 왈가왈부해 봐야 백지 소용없는지라 삼십 년 묵은 벽지를 뜯어내고 새로 도배를 하기로 했다.

그날부터 우리 부부에게 고난의 대행군이 시작되었다. 도배공을 불러 맡기면 수월할 일이었다. 새집으로 이사를 가는 것이라면 응당 그리했을 것이었다. 그러나 도배공은 도배만 할 뿐 집안 가구와 첩첩 쌓인 살림살이는 인부를 구하든 어쩌든 집주인이 치워주어야 한다는 것이었다. 그뿐만이 아니었다. 오랫동안 방치하다시피 내버려 둔 집은 천정과 벽과 바닥이 갈라지고 터져 어느 한 곳 성한 데가 없었다. 미장공을 부를 정도의 큰일은 아니었지만 도배 전에 집수리부터 해야 할 판이었다. 그런 형편이니 도배 기술자만 부른다고 해결될 일이 아니었다.

고심 끝에 우리 부부는 돈도 아낄 겸 모든 것을 직접 하기로 결정했다. 아내는 인터넷을 검색해가며 집수리에 관한 정보를 찾았고, 나는 동네 철물점을 오가며 재료를 사들였다. 단순히 도배만 하면 될 거라고 시작했던 일이 점점 커지고 있었다. 한 곳을 수리하고 나면 또 다른 곳이 보였고 그때마다 나는 철물점으로 달려갔다. 전문가라면 단번에 끝낼 일을 일머리를 모르니 같은 일을 몇 번씩이나 되풀이했다. 수족이 고생이었다. 정작 해야 할 도배는 언제 하게 될는지도 요원하고 생각지도 못한 다른 일이 자꾸 생겨났다. 마당은 보도블록을 걷어내고 현무암 디딤석과 잔디를 깔기로 했고, 한편으로는 색이 벗겨진 창고도 색칠할 요량으로 대대적인 청소를 하여야 했다. 식전부터 눈만 뜨면 시작해도 겨우 한 가지를 마무리 짓기 전에 하루해가 저물었다. 이 일을 하기 전에는 '삼식이'라고 핀잔을 먹었는데 종일 몸을 움직이다 보니 시시때때로 허기가 졌다. 그럴 때마다 너부러져 있는 살림을 이리 치우고 저리 치우며 음식을 해 마당쇠 밥 먹듯 했다. 밥은 어찌 먹어도 괜찮았지만 일을 하려면 하루에도 수시로 이쪽 저쪽으로 살림살이를 옮겨야 하니 그 일을 하다 진이 다 빠져버렸다.

일주일이면 충분할 것이란 계산은 말 그대로 계산일 뿐이었다. 이런 일을 해본 적도 없으면서 날짜부터 계산해 언제쯤 끝낼 수 있겠다는 추측은 우리 부부의 희망 사항이었다. 하루 종일 무언가 쉬지 않고 일해도 끝이 보이기는커녕 무슨 일을 했는지 표도 나지 않았다. 처음 하는 일인지라 힘에 겨워 온몸이 천근만근이었다. 뼈 마디마디 아프지 않은 곳이 없었다. 저녁이 되면 나무토막처럼 쓰러져 곯아떨어졌다. 아침에 일어나려면 손가락이 부어 구부러지지 않았고, 일어나려면 삭신이 쑤셔 '아이고!' 소리가 절로 새어 나왔다. 일은 진척이 더디고 골병만 늘어갔다. 그러면서도 쏜살같이 하루해는 뜨고 졌다.

그러던 중 어느 날 어머니가 느닷없이 오셨다. 집안 꼴을 본 어머니는 기함을 하셨다. 그렇잖아도 온갖 걱정을 당겨서 하는 분인지라 괜한 근심을 하실까 염려되어 도배한다는 말씀을 드리지 않고 후딱 해치울 작정이었다. 그리고 일이 마무리되면 한 번 집으로 모실 작정이었다. 그러나 이미 늦었다. 일이 늦어진 까닭에 어머니에게 들키고 말았다. 그날부터 어머니도 우리 부부와 함께 고난의 대행군이 시작되었다. 연로한 어머니께서 힘든 집수리 일을 하실 수는 없었다. 대신 어머니는 먹을거리를 해오셨다. 어머니는 바쁠 때는 해먹는 것도 일이라며 본가와 우리 집을 오가며 밥과 국을 끓여 나르셨다. 연세 많으신 어머니에게는 그 일도 힘에 부치는 일이었다. 그럼에는 힘든 내색 하나 없이 이것저것 먹을거리를 해오셨다. 그리고 음식이 식는다며 그 번잡한 틈바귀에서도 휴대용 버너를 펼쳐놓고 따뜻하게 데워주셨다. 당신의 힘겨움은 감추고 외려 아들 며느리 병날까만 염려하셨다.

어머니는 하루가 멀다 하고 일하는 우리 부부를 도와 뒤치다꺼리를 해주셨다. 그리곤 우리 부부를 안쓰러운 눈빛으로 바라보셨다. 어머니를 보면 걱정이 되면서도 그런 어머니가 뒤에 계신다는 것이 든든했다. 어느 날 저녁 무렵 어머니가 비닐봉지 하나를 우리 앞에 내놓으셨다. 그 안에는 피로회복제가 들어 있었다.

"자기 전에 하나씩 먹고 자거라. 그러고 자면 아침에 일어나기 편할 겨!"

그리고 어머니는 아버지 저녁 진지를 차려드리기 위해 본가로 가셨다. 종종걸음으로 서둘러 가시는 어머니 뒷모습에 마음이 저려왔다. 도배는 집에 벽지를 붙이는 것이 아니라 내 가슴에 어머니 마음을 붙이는 일이었다. 괜스럽게 눈물이 어렸다.

염치없는 짓

이모 전화를 받고 난 후부터 어머니는 노심초사하셨다. 하기야 해마다 벌어지는 일이고 일 년에도 몇 번씩 겪는 일이니 새삼스러울 것도 없었다. 시골에서 농사짓고 있는 이모는 철철이 수확만 하면 언니인 어머니에게 전화를 했다. 이모 전화를 받은 어머니는 내게 "바쁘지 않냐?"며 전화를 하신다. 표면은 내 근황을 묻는 것이지만 실상은 "언제 이모네 집에 갈 시간이 있냐?"를 물으시는 것이다.

본래는 칠월 초쯤 어머니를 모시고 이모에게 갈 작정이었다. 마침 그때쯤 그 근처에 볼일이 있어 가는 길에 들를 계획이었다. 매일매일 바쁜 터에 삼백 리가 넘게 떨어진 이모 집에 갔다 오려면 하루해를 다 써야 하는 것도 그렇고, 거기까지 가서 푸성귀나 다름없는 농작물을 싣고 오느니 차라리 사 먹는 편이 나으리라는 생각이 드는 것도 사실이었다. 하지만 마늘을 뽑는다는 이모 전화에 어머니의 기우는 이미 시작되고 있었다. 일할 사람도 없는데 그걸 어떻게 다 뽑을 것이며, 헛간도 좁아 들여놓을 곳도 마땅찮은데 비라도 오면 밖에서 다 썩어버릴 것이라는 둥, 마늘은 생물이라 바람 잘 통하는 곳에 엮어서 매달아야 하는데 첩첩이 쌓아놓았다가 몽땅 떠버릴 것이라며 걱정에 걱정을 보탰다. 집에 앉아서 삼백 리를 내다보며 오지도 않은 일을 미리 당겨서 걱정하시는 우리 어머니를 누가 말릴 수 있을까.

도저히 칠월 초까지 버틸 수 없을 것 같았다. 어머니 걱정을 덜어 드리고 나도 그 일에서 벗어나는 길은 하루라도 빨리 이모 집을 갔다 오는 방법뿐이었다. 새벽같이 아침을 먹고 이모 집으로 출발했다. 어머니는 이모 집에 도착도 하지 않았는데 이번에는 가는 차 안에서 어둡기 전에 집에 와야 한다며 돌아올 길을 걱정하고 계셨다. 걱정을 달고 사시는 분이라 귓등으로 흘려버리며 길을 재촉했다.

이모네 집은 언제나 상상 이상이다. 일 년에도 몇 번씩, 이미 수십 년을 봐왔는데도 도무지 적응이 되지 않는다. 텔레비전으로만 시골집을 봐온 사람이라면 선진국이라는 우리나라에 이런 시골집이 있다는 것을 절대로 믿지 않으려 할 것이다. 집의 외관도 그렇지만 안에도 도무지 사람이 살고 있다고 할 수 없을 정도이다. 대문도 없는 마당부터 헛간, 집안 마루, 부엌, 방까지 거둬들인 작물과 무엇이 들어 있는지 알 수도 없는 자루들이 쌓여있고 그것들이 뒤엉켜 앉을만한 빠끔한 자리는커녕 발 디딜 틈조차 없다. 차라리 고물상이 이모 집보다 덜 어지럽고 더 정돈이 잘되어 있을 지경이었다. 이건 어디를 손대고 말고 할 그런 단계가 지났다. 동네 창피하다며 자식들이 집을 새로 짓겠다고 해도 이모는 막무가내다. 동생의 사는 모습을 보고 잔소리하는 어머니의 혼잣말도 이미 익숙한 소리가 되었다.

이모를 찾아 나섰다. 이모는 밭에서 혼자 마늘을 캐고 있었다. 여름으로 가는 초입이라 해도 한낮 해는 뜨거웠다. 뙤약볕 아래서 땅에 붙은 듯 구부리고 앉아 호미질을 하고 있는 이모 모습을 보니 짠한 마음보다 화부터 치밀어 올랐다. 입은 차림 그대로 밭으로 들어섰다. 옷 버린다며 이모는 만류했지만 뽑아놓은 마늘만 날름 싣고 가는 것도 염치없는 일이었다. 달려들어 마늘 덮었던 비닐을 걷어내고 이모가 마늘을 캐기 수월하게 쇠스랑으로 땅을 뒤집었다. 얼마 지나지도 않아 땀이 비 오듯 했고, 온몸은 땀범벅이 되었다. 이마에서 흐른 땀이 눈으로 들어가 눈을 뜰 수 없고, 등줄기로 흘러내린 땀은 겉옷까지 흠뻑 적셔 버렸다. 쇠스랑질을 할 때마다 허리는 끊어지는 듯하고 옷은 감겨 배나 힘이 들었다. 마늘을 캐기 위해 땅바닥에 쪼그리고 앉아 오리걸음으로 호미질을 하자니 허벅지도 터질 듯 아팠다. 잠시 허리를 펴려고 일어나면 눈앞이 캄캄해지며 하늘이 빙글빙글 돌았다. 이러다 죽을 수도 있겠단 생각이 들었다. 무엇 한 가지 쉬운 일이 없었다.

그 순간 이모가 했던 말이 떠올랐다. 언젠가 현지답사를 왔다가 부근을 지나는 길에 이모 집에 잠깐 들렀던 적이 있었다. 이모는 집 안팎을 돌아치며 이것저것 담긴 자루를 내 차에 자꾸만 갖다 실었다. 그러고도 모자라 밭으로 달려가서는 열무, 부추, 쪽파를 한아름 뽑아왔다. 마침맞게 자랐으니 가져가 김치를 담가 먹으라며 트렁크에 구겨 넣는 이모에게 가져가 봐야 먹지도 않는 것을 차만 지저분해진다며 짜증을 낸 적이 있었다. 그때 이모는 "네 아버지는 이게 어떻게 만들어지는 줄 아니까 아무리 싸드려도 안 가져간다는 말씀 한 번도 한 적이 없었다."며 내게 쓴소리를 했었다.

어려서 고향을 떠나기는 했지만 나도 농촌 출신이다. 눈으로는 수십 년 농사를 봐왔고 입으로는 농사꾼 열 몫 농사일을 떠들고 다녔다. 그러면서도 남들이 다 지어놓은 것을 사다 먹고 가져다 먹기만 했을 뿐 농사가 이처럼 힘든 줄은 모르고 살았다. 잠시 일해도 이처럼 온몸이 고통스럽기만 한데 평생 이 일을 했을 이모를 생각하니 염치없을 뿐이었다. 다 지어놓은 농작물 싸놓고 가져가라는 것도 이런저런 핑계를 대며 차일피일 미룬 것이 죄송했다. 힘들었을 이모 생각은 조금도 없이 철없는 소리를 했던 나 자신이 너무나 부끄러웠다.

새싹 열무를 사다가

객지에서 학교에 다니는 둘째 아들이 왔다. 요즘 아이들은 뭐가 그리도 바쁜지 방학이 되어도 좀처럼 집에 오지 않는다. 아이들이 떠나고 두 사람만 남은 집안은 절집보다도 조용하다. 눈앞에서 알짱거리며 학교 다닐 때는 눈에 거슬리는 것이 많아 노다지 잔소리를 했었는데 이제는 때때로 그때가 그리워지기도 한다. 제 엄마는 모처럼 만에 아들이 온다고 하니 뭘 해먹여야 하나, 하고 걱정부터 한다. 아들도 모처럼 만에 오니 손님이다.

버스에서 내리는 녀석을 싣고 제 엄마와 함께 전통시장으로 갔다. 하늘도 망령이 들었는지 지난해는 비도 오는 둥 마는 둥 건장마로 지나갔는데, 올해는 여름내 비가 퍼붓듯 쏟아졌다. 장마가 지면 과실이 흉년이라는데 그 말도 옛말이다. 시장에는 과일과 채소가 지천이다. 철은 속일 수 없다더니 지난주까지만 해도 수박이 장마당마다 넘쳐나더니 일주일 사이에 이번에는 가는 곳마다 복숭아가 무더기를 이루고 있다. 과일이 넘쳐나니 보기만 해도 배가 부르다.

배고프다는 아들의 말에 우선 시장기부터 해결하려고 오래된 시장통 국밥집부터 들어갔다. 모처럼 만에 아들과 함께 국밥을 먹으며 막걸리라도 한 사발 마시고 싶었지만 그놈의 차가 문제다. 맨송맨송하게 국밥만 먹고 시장 구경에 나섰다. 두부와 콩나물도 사고, 가지 호박도 사고, 고등어와 오징어도 사고, 복숭아도 샀다. 식구도 둘뿐이고, 먹다가 버리기 일쑤인데 시장에만 나오면 견물생심이라 자꾸만 사게 된다. 금세 한 보따리가 되었다. 차까지 옮기는 것도 보통 일이 아닌데 미련을 버리지 못하고 다시 채소전으로 갔다.

번잡한 시장통과 시장통 사이에 있는 협소한 뒷골목으로 들어가면 난전이라고 부르기에도 부실한 채소전이 숨어있다. 그곳에서는 주로 시골 노인들이 바닥에 보퉁이를 풀어놓고 푸성귀를 판다. 보기에는 부실해도 그곳에 가면 집에서 키운 나물, 들에서 뜯은 나물, 산에서 캐온 나물까지 없는 것이 없다. 화려한 조명과 포장만 없을 뿐이지 나물 백화점이다. 거기에서 장사하는 노인들은 반들반들하게 닳은 시장통 상인들처럼 물건을 사달라고 손님들을 부르지도 못한다. 손님들이 지나가면 쳐다보다가 눈치를 살피며 그저 사주기를 바랄 뿐이다.

그런 노인들을 몇 명이나 지나쳤을까. 애써 외면하며 지나다 정말 오랜만에 낯익은 것을 발견했다. 아주 어린 열무다. 요즘 말하는 새싹채소다. 그러나 할머니가 가지고 나온 어린 열무는 팔기 위해 농장에서 일삼아 재배하는 그런 새싹채소가 아니었다. 그것은 밭에서 솎아낸 어린 열무였다. 예전에는 골을 타고 씨앗을 훌훌 뿌려 파종했기 때문에 싹이 나기 시작하면 실한 놈만 키우고 나머지는 솎아냈다. 그래서 이맘때 장에 가면 솎아낸 어린 열무를 흔하게 볼 수 있었다. 그러나 요즘은 농촌에서도 모종을 하나씩 키워 이식하기 때문에 시장에서 어린 열무 새싹을 구경할 수 없었다. 게다가 농원에서 전문적으로 새싹을 생산하기 때문에 예쁘게 포장되어 대형마트의 진열장에서

나 구경할 수 있었다. 이따금 옛날 기억이 나 잔뿌리 하나 없이 똑 고르게 포장된 새싹을 사와 먹어봐도 예전 맛이 아니었다. 그런데 할머니 앞에 놓인 여린 새싹은 크기도 제각각이고 하얀 뿌리에는 흙이 묻어 있었다. 모처럼 만에 본 새싹이 신기하기도 했지만 양푼에다 열무를 넣고 고추장을 넣어 밥 비벼먹을 생각을 하니 벌써부터 식욕이 돋았다.

할머니 앞에서 걸음을 멈췄다. 그때까지 할머니는 우리를 보지 못하고 자루 속에서 무언가 꺼내 입에 넣고 우물거리고 계셨다. 할머니는 열무 싹을 팔라는 내 소리를 듣고서야 깜짝 놀라며 곁에 있던 자루에서 손을 뺐다. 그러더니 우리를 보고 반색하며 "집에서 먹으려고 텃밭에 뿌렸던 것을 솎은 것"이라고 했다. 장에 나온 대부분의 상인들이 입에 발린 듯한 상술이지만 할머니의 표정이나 말투에서 진심이 느껴졌다. 연한 열무를 넣고 비벼 먹을 저녁 생각을 하며 넉넉하게 살 것을 아내에게 주문했다. 그리고 채소전을 빠져나왔다.

"아빠, 마음이 안 좋아."

시장통을 지나 주차장으로 향하는 길에 아들 녀석이 뜬금없이 중얼거렸다.

처음에는 아들이 하는 말을 이해하지 못했다. 녀석은, 할머니 자루 속에 건빵 봉지가 들어 있었다고 했다. 그제야 나도 할머니가 우물거리던 것이 건빵이라는 사실을 알았다. 무슨 치부를 들킨 듯 깜짝 놀라며 할머니가 자루에서 손을 뺀 것도 그 때문이었다. 녀석이 그것을 본 모양이었다. 나는 "사는 게 쉬운 게 아니야."라는 식의 상투적인 말은 하지 않았다. 그저 사소할지라도 타인을 안쓰럽게 여기고 마음 쓸 줄 아는 그 마음이 고마울 뿐.

벌초

지난 주말 고향으로 벌초를 다녀왔다. 여든을 넘어 아흔 줄에 들어선 아버지께서는 벌써부터 재촉을 하셨다. 더구나 올해는 모든 일에 앞장서던 큰아들이 멀리 떠나있으니 더더욱 걱정이 되셨던 모양이다.

추석이 다가오는 매년 이맘때쯤이면 늘 같은 고민이 반복된다. 벌초였다. 지금은 예초기가 있어 너무나 편해졌는데도 벌초를 가자고 하면 모두들 없던 약속도 만들었다. 그러고는 선약이 있어서, 하필이면 날짜가 겹쳐서 내년에는 꼭 가겠다며 핑계를 댔다. 그것도 한두 번이면 그러려니 했겠지만 매년 그러니 핑계라고 생각할 수밖에 없다. 모처럼 휴일에 뒹굴뒹굴 쉬려고 했는데, 얼굴도 모르는 조상님 풀 깎으러 가자고 하니 귀찮아서였다. 연장이 아니라 마음이 문제였다.

사촌들에게 단체 톡을 날렸다. 이유 불문하고 무조건 참석하라고 협박을 했다. 모든 준비를 다 해놓고 몸만 오라는데 그것도 못 하냐며 후손된 도리와 염치를 들먹거렸다. 드디어 약속한 날 새벽, 본가에 모두 모여 고향으로 출발했다. 언제나 고향 가는 길은 편안하다. 고향이 가까워지니 눈에 들어오는 모든 게 정겹다. 두 시간 남짓 걸려 고향에 도착했다. 어려서 떠나온 고향이고 그간 너무나도 많이 변해 아는 사람도 별로 없지만 고향에 있다는 사실만으로도 푸근하다.

형이라는 유세로 갑질을 떨며 사촌동생들에게 짐을 지우고 산소를 향해 오른다. 오늘 벌초를 할 분은 증조할아버지 내외분의 뫼 두 장이다. 선조 윗대 분들은 모두 선영에 계시는데, 두 분만 고향마을 공동묘지에 계신다. 예전에 불을 때서 생활하던 시절에는 마을 가까운 산은 앞마당처럼 반들반들했다. 증조할아버지가 계시는 광산 위의 산도 그랬다. 나무를 해 때던 그때는 산 전체가 민둥산이어서 산소에 오르기도 찾아가기에도 수월했다. 그렇던 산이 이제는 수풀이 우거지고 온갖 잡목이 뒤엉켜 사람들 접근이 불가능할 정도다. 가을에 한 번 벌초할 때나 사람들 발길이 닿을 뿐 일 년 내내 인적이 끊기니 나무와 풀이 뒤엉켜 코앞에서도 길을 잃을 지경이 되었다. 참으로 세월이 많이도 흘러갔다.

생전에 할아버지께서는 "나 죽으면 산소도 잃어버린다."며 증조부 산소에 가실 때마다 손자들을 데리고 가셨다. 그리고 증조부 산소가 가까워지면 할아버지는 우리를 앞장 세웠다. 우리는 할아버지를 앞서서 산을 올라갔고 묘들이 있는 언저리에 이르면 매번 머뭇거렸다. 나이가 어리기도 했지만 사발을 엎어놓은 듯 다닥다닥 붙어있어 그게 그거 같은 봉분들 중에서 증조부 뫼를 찾는다는 게 그리 쉬운 일은 아니었다. 그런 우리를 뒤에서 보시며 할아버지는 혀를 차셨다. 그런데 수십 년이 지난 지금도 단번에 뫼를 찾지 못했다. 할아버지가 보시면 한심하다며 또 혀를 차셨을 것이다.

이번에도 또 증조부 산소를 단번에 찾지 못했다. 뒤에는 예초기와 장비를 멘 사촌들이 땀을 삘삘 흘리며 따라오고 있었다. 벌초에 참여하지 않는다고 그렇게 닦달하고 생색을 내더니 매해 오는 형님은 어째 묘도 못 찾느냐고 비웃는 것 같아 뒤통수가 따가웠다. 나는 우거진 수풀 핑계를 대며 한참만에야 겨우 증조부 뫼를 찾을 수 있었다. 매년 이런 일을 겪을 때마다 우리는 이런저런 이유를 들어 아버지께 증조부 내외분을 이장하자고 했다. 하지만 아버지는 "잘 계시는 것을 왜 건드려 동티를 일구려 하느냐?"며 극구 반대하셨다.

숲속 여기저기서 예초기 돌아가는 소리가 요란하다. 패륜이 난무하는 시절에 효자들의 마음이 되살아난 것 같아 귀청 찢는 소리도 전혀 시끄럽지 않다. 우리도 예초기 시동을 걸었다.

증조할아버지 뫼 양옆으로는 나란히 다섯 분이 계신다. 그런데 어느 해부터인가 옆의 묘들이 한두 해씩 묵기 시작했다. 봉분에는 풀이 수북하고 나무까지 자라났다. 몇 년 전까지만 해도 어느 해는 잘 단장이 되었다가 어느 해는 묵더니 몇 년 전부터는 아예 벌초를 하지 않는 것 같았다. 어떤 사정이 있어 자손들이 찾아오지 못하는 것이리라.

산 자의 집이나 망자의 집이나 매한가지다. 옆은 묵묘가 되어 볼썽사나운데 우리 증조부만 말끔하게 벌초하고 내려오는 마음이 편치 않았다. 어떤 분인지는 알 수 없었지만 증조부와 함께 계시니 언제까지나 모른 척할 수도 없는 일이었다. 증조부께서 사신 이승에서의 삶보다 더 긴 세월을 이웃하며 사셨으니 일 년에 한 번 찾아오는 자손들보다 훨씬 더 가까운 분들이 그분들일 것 같았다. 산 자나 망자나 내 곁에 가까이 있고 오래 사귄 이웃이 더 좋은 것은 아닐까. 그래서 몇 년 전부터 그분들도 함께 깎아드리기 시작했다.

증조할아버지와 증조할머니 벌초를 마치고 내려오는 길, 우리 편하자고 '이장'하자고 했던 생각이 떠올라 죄송한 마음이 들었다.

질금을 내며

가을이 완연하다. 마당에 서있는 단풍나무 이파리가 바람에 흔들리며 하나둘 바람에 날리기 시작한다. 바람이 선선해지자 엄마는 올해도 어김없이 또 그 일을 시작하셨다. 올해는 나도 덩달아 보름이 넘도록 보리와 씨름을 하고 있다.

그날도 근처를 지나다 부모님 댁에 들렀다. 인근에 살고 계시니 특별한 일이 없어도 오다가다 들여다보는 것이 버릇처럼 되었다. 더구나 고령인 데다 아파트에는 두 분만 계시니 자식 된 입장에서 죄스럽기도 해서였다. 내가 문을 열고 들어서자 아버지는 자루를 메고 막 일어서려던 참이었다. 구순을 이태 전에 넘긴 노인께서 묵직한 짐을 드는 것이 속상해 어서 내려놓으시라고 했다. 나는 자루를 열어보지 않아도 그 속에 무엇이 들어있는지 알 수 있었다. 해마다 연례행사처럼 치러지는 일이다. 수십 년 동안 매년 이맘때만 되면 엄마가 하시는 그 일을 모르는 것이 더 이상했다. 자루 안에 들어있는 것은 확인하지 않아도 질금이 틀림없었다. 아버지께서 내려놓은 자루를 메고 아파트 옥상으로 올라갔다.

가을볕 가득한 옥상에는 눈에 익은 엄마 모습이 보였다. 엄마는 비닐 멍석에 질금을 펴 널고 계셨다. 어느새 엄마도 올해로 미수를 넘기셨다. 그런 연세에 이층에서 오층 옥상까지 하루에도 몇 번씩 오르내렸을 두 노인의 모습이 떠오르니 갑자기 속이 뭉개졌다. 자루를 둘러맨 채 "이젠 그만 좀 허세요!" 하고 짜증을 부렸다. 엄마는 대답 대신 무겁다며 어서 내려놓으라는 말만 거푸했다. 엄마는 그렇게 말린 질금으로 고추장을 담그거나 단술을 만드는 데 쓰셨다. 집안에 대소사가 있을 때는 물론이고 수시로 단술을 담아 아들네마다 나눠주셨다. 그러면서 요즘 아이들은 몸에 나쁜 방부제 투성이 인스턴트 음료를 많이 먹어 몸이 약하다는 말을 빼놓지 않았다.

엄마의 단술은 집으로 가져와도 별다른 인기를 끌지 못했다. 자극성 강한 맛에 길들여진 아이들은 밍밍한 단술이 입에 맞을 리 없었다. 나도 예전에 고향에서 먹었던 단술을 음미하며 마셔 봐도 그 시절 그 맛이 아니었다. 추운 겨울날 살얼음이 살짝 언 단지 속의 단술을 지금도 잊을 수 없다. 입안에서 오도독오도독 얼음이 부서지며 목을 타고 넘어가던 그 달달함과 청량감은 생각만 해도 아릿했다. 그 기분을 느껴보기 위해 단술을 냉동실에 넣었다 냉장실에 넣어다 해봐도 역시 예전 그 맛이 아니었다. 그렇게 냉장고에서 굴러다니며 천대받던 단술은 끝내 개수대에 버려졌다. 그것도 모르시고 엄마는 해마다 거르지 않고 질금을 냈다.

그렇게 엄마와 나는 옥상에서 한동안 질금 널기를 하고 내려왔다. 그런데 엄마가 내 앞에 겉보리 대여섯 되를 내놓으셨다. 겉보리 서 말만 있어도 처가살이 안 한다는 그 겉보리였다.

"내가 힘닿는 때까지는 하겠지만 이젠 점점 기력도 떨어지고… 내년에도 또 할 수 있을란가 모르것다. 그러니 버리더라도 시험 삼아 한번 내보라고 하거라."

겉보리를 가져가 집사람에게 주라는 말씀이셨다. "그깟 것 공부하는 것 대면 아무것도 아니다!" 엄마가 며느리에게 무언가를 일러줄 때마다 늘 하는 말씀을 내게 하셨다. 엄마가 세상에서 제일 어렵다고 생각하는 것은 공부다. 아내가 세상에서 제일 어렵다고 생각하는 것은 엄마처럼 살림하는 일이다. 아내는 엄마처럼 그렇게 살 수는 없다고 종종 말한다. 그리고 엄마가 하는 방법이 다 옳은 것은 아니다, 라고 말한다. 엄마가 평생 질금을 내며 터득한 비법을 내게 알려주었지만 아내는 인터넷으로 정보를 검색할 것이 뻔하다.

나는 겉보리 자루를 들고 집으로 왔다. 그리고 아내와 함께 곧바로 '질금 내기'에 돌입했다. 우선 겉보리에 물을 부어 떠오르는 쭉정이와 이물질을 골라내고 깨끗하게 씻은 후 푹 잠길 정도로 물에 담가두었다. 이제 겨우 첫걸음을 뗀 초입인데다 반 말도 채 되지 않는 겉보리를 손질해 물에 담가놓기까지 오후 내내 시간이 걸렸다. 이튿날은 일어나자마자 물에 담가두었던 겉보리를 건져 대소쿠리에 담고 면포를 덮어 뒤편 그늘진 곳으로 옮겼다. 그러고는 하루가 넘도록 그대로 두었다. 그렇게 또 하루가 지나고 다음날 겉보리를 덮어놓았던 보자기를 들치자 텁텁한 열기가 훅 올라왔다. 문제는 그뿐만이 아니었다. 소쿠리 속 겉보리를 만져보니 상한 것처럼 끈적거리며 손에 달라붙었다. 뭔가 잘못돼가고 있는 것이 분명했다. 그제야 엄마가 일러주던 비법이 떠올랐다. 아내가 서둘러 인터넷을 검색했다. 아내가 읽었다.

"보리는 싹을 틔우기 위해 열을 발생시키기 때문에 수시로 물을 뿌려 반드시 식혀주어야 한다."

문장만 매끈할 뿐 "겉보리가 뜨지 않게 물에 씻어주고 마르지 않게 물도 수시로 뿌려야 한다."는 엄마 이야기 그대로였다. 아내가 또 한 구절을 읽었다.

"싹도 나기 전 겉보리가 끈적거리면 상한 것이므로 버리고 처음부터 새로 시작해야 한다."

아내는 곧바로 포기했지만 뭐든 버리는 걸 싫어하는 나는 끈적거리는 겉보리를 씻고 또 씻어낸 다음 이번에는 넓적한 채반에 겉보리를 펼쳐 널었다. 그러고는 엄마 말대로 수시로 물을 뿌려 주었다. 사흘이 지나도록 겉보리는 아무런 변화를 보이지 않았다. 불안하고 초조했지만 기다리는 방법 외에는 달리 내가 할 일이 없었다. 그렇게 긴급 처방을 한 지 사나흘 지났을까. 아침에 일어나 보니 겉보리 꽁무니마다 쌀눈처럼 생긴 하얀 발이 돋아 있었다. 신기했다. 살아나 준 것이 고마웠다. 더 열심히 물을 뿌려주었다. 날씨가 제법 쌀쌀해졌는데도 겉보리는 하루가 다르게 뿌리를 뻗었다. 그러더니 도톰한 촉도 삐져나오기 시작하더니 연한 새싹이 돋아 나온다. 며칠이 더 지나자 새부리 같던 촉은 코끼리 상아처럼 길어지고 수염처럼 수북하게 자란 뿌리가 뒤엉켜 채반 그득하게부피가 늘어났다. 이제부터는 물 뿌리기를 멈추고 서로 엉킨 뿌리를 떼어주는 일을 했다. 그러고는 볕 좋은 양지쪽에 들마루를 펼쳐놓고 질금을 말렸다. 사나흘 만에 바싹 마른 질금은 처음의 겉보리처럼 단단해졌다.

다 끝난 줄 알았던 질금 내기의 품 들어가는 일은 이제부터였다. 말라비틀어진 새싹과 뒤엉킨 뿌리를 일일이 손으로 비벼 제거해야 했다. 지금까지 싹을 틔우고 말리기까지의 과정보다 비벼서 뿌리 없애는 작업이 더 힘들었다. 거친 겉보리를 비비려니 손바닥에서 불이 났다. 또 며칠 동안 틈만 나면 그 작업을 계속해야 했다. 손이 가도 보통 가는 일이 아니었다. 이렇게 힘든 일을 엄마는 자식들 생각하며 해마다 하셨던 것인가.

질금 하나 내는 것에도 이렇게 손이 많이 간다는 사실을 처음 알았다. 그런 노고가 숨어있는지도 모르고 개수대에 버린 단술을 생각하니 엄마께 죄송하다. 죄를 지은 듯싶었다. 옥상에서 질금 잔발을 손바닥으로 비비던 엄마 모습이 떠올랐다. 이제껏 제비 새끼처럼 받아먹기만 했는데 올해는 직접 만든 단술을 만들어 엄마께 갖다 드려야겠다. 생애 처음으로 내본 엿기름이 달아서 부디 단술도 달디 달았으면 좋겠다.

어머니 사진을 보다가

제주도에 다녀온 사진을 정리하다 유난히 눈에 띄는 사진 한 장이 눈이 들어왔다. 노랗게 익은 귤나무 아래서 찍은 어머니 사진이었다. 평소 어디를 가셔도 "다 늙어빠진 늙은이가 사진은 찍어 뭐 하냐? 젊은 니들이 찍어야 사진도 이쁘게 나오지."라며 한사코 손사래를 치시곤 했었다. 그런데 그날은 당신 스스로 나무 아래 서서 탐스러운 귤나무 가지를 한 손으로 잡으며 아주 촌스러운 포즈로 사진 찍기를 원하셨다. 서귀포에 있는 어느 절집 뜰에 있는 귤나무 아래에서였다. 좀처럼 없던 일이라 나는 정성을 다해 몇 컷을 찍었었다. 그러고는 까맣게 잊고 있었다.

우리 삼 형제는 두어 달 전 부모님과 아버지 형제분 내외분, 어머니 남매 내외분을 모시고 3박 4일로 제주도 여행을 다녀왔다. 부모님께서 더 연로해져 거동하시기 힘들어지기 전에 진작부터 한번 다녀와야겠다고 생각은 하고 있었다. 그러나 모두들 시간 맞추기가 여의치 않아 쉽사리 실행에 옮기지 못하고 있었다. 그러다 겨우겨우 떠난 여행이었다.

부모님과 형제분들은 정말 기뻐하셨다. 소문난 경치 구경보다도 함께 모여 해먹고 자고 떠들며 다니는 것이 더 좋으신 것 같았다. 그런 모습을 바라보며 진작 오지 못한 것이 죄송스러웠다. 한편으로는 "언제 또 가족이 이렇게 모여 여행을 할 수 있을까… 혹여 이번 여행길이 마지막이 되는 것은 아닐까?" 하는 생각에 서글픔이 몰려와 마음 한쪽이 아리기도 했다. 그렇게 즐거워들 하는 모습을 보며 무사히 여행을 마치고 집으로 돌아왔었는데…….

그러고는 제주도 일을 까맣게 잊고 있었다. 그런데 며칠 전 작은 외삼촌으로부터 전화가 왔다. 여행이 정말 재미있었다며 제주도에서 찍은 사진을 보내달라는 말씀이셨다. 그러고 나서 생각해 보니 공항에서 헤어지며 외삼촌이 이번에 찍은 사진을 꼭 보내달라고 당부를 하였고, 나도 찰떡같이 약속을 했었다. 외삼촌은 그 말만 믿고 기다리고 기다리다 더는 기다릴 수가 없어 연락을 한 것이었다. 곧바로 넣어두었던 카메라를 꺼내 사진을 정리하기 시작했다. 사진 속에는 식구들 모습뿐만 아니라 제주도에서 있었던 세세한 이야기들이 고스란히 들어 있었다. 사진 속에는 모두들 표정이 한결같이 밝고 즐거운 모습들이었다. 사진을 보니 보는 나도 덩달아 즐거웠다.

그러다 귤나무 아래서 찍었던 어머니 사진이 눈에 들어왔다. 그리고 그날의 일들이 고대로 기억났다. 60년대 촌스러운 포즈로 사진을 찍던 어머니의 모습도 새삼스럽게 떠올랐다. 그런데 어느 순간 사진 안에 있는 어머니는 내가 평소에 보아오던 그런 어머니가 아니라는 느낌이 들었다. 사진 속에는 우리 어머니보다 훨씬 늙은 할머니가 서 있었다. 나는 이제껏 우리 어머니는 다른 어머니들과 다르다고 생각했다. 아직도 당신 살림은 물론 자식들 밑반찬까지 챙기는 어머니를 보며 같은 동년배에 비해 우리 어머니는 젊고 정정하다고 믿었다.

어머니는 언제까지나 뭐든 다 해주실 수 있을 것이라 믿었다. 그래서 나는 우리 어머니를 할머니라고 단 한 번도 생각해 보지 않았다.

그런데…, 그런데… 사진 안에는 아주 연로한 할머니 한 분이 계셨다. 그분은 우리 어머니였다. 우리 어머니도 다른 어머니들처럼 그 연세를 고대로 얼굴에 담고 있는 연로한 할머니였던 것이다. 가끔 찾아오는 친구들이 "너의 어머니는 정말 고우시다.", "너의 어머니는 전혀 늙지도 않으셨다."라는 말은 듣기 좋으라고 하는 인사치레일 뿐이었다. 사진 속에는 아주 늙어버린 노인이 있었다.

그동안 나는 어머니의 환상을 봐온 것이었다. 그리고 그 환상을 그대로 현실처럼믿고 있었던 것이었다. 갑자기 가슴 한쪽이 무너지며 휑한 바람이 스쳐 지나갔다. 그동안 나를 지탱해 주고 있던 무언가가 일시에 빠져나가며 주체하기 힘들 정도로 허전한 느낌이 몰려왔다.

나는 외삼촌에게 사진을 보내며 귤나무 밑의 어머니 사진을 슬쩍 빼놓았다.

3부

새끼 고양이 한 마리

얼마 전 우리 집에 새끼 고양이가 태어났다. 그렇다고 집에서 기르는 애완 고양이가 아니다. 우리 주위에서 흔히 볼 수 있는 도둑 고양이었다. 요즘은 그놈들을 길고양이라고도 부르는 모양이다. 우리 집은 단독주택이다. 마당 한쪽에 허드레 물건을 쌓아놓는 창고에서 새끼를 낳았다.

어느 날 마당을 서성이다 창고 문이 열려있어 닫으려고 다가갔다. 그때 어둠침침한 창고 안에서 무언가 움직이는 것이 느껴졌다. 잡다하게 쌓여있는 물건들 틈으로 뒤뚱거리며 숨는 밤색 얼룩빼기 고양이가 눈에 띄었다. 걸음걸이가 분명 새끼 고양이었다. 가슴이 마구 방망이질 쳤다.

그 순간 느닷없이 둘째 녀석이 생각났다. 유난히 정이 많은 녀석은 다 커서까지도 강아지를 키우자고 조르곤 했다. 얼마 전에도 주말을 맞아 집에 왔던 녀석은 강아지 타령을 했었다. 그래서 아들을 기쁘게 해주기 위해 새끼 고양이를 잡아 집고양이로 길들여볼까, 하는 생각을 했다. 그러나 곧 단념했다. 고양이를 잡으려면 창고에 가득 쌓인 잡동사니를 마당으로 전부 들어내야 했다. 아들의 환한 얼굴이 자꾸 떠올랐지만 치울 엄두가 나지 않았다.

그러다 불현듯 어떤 생각이 머릿속을 스치고 지나갔다. 그것은 창고 안에 있는 새끼 고양이에 대한 걱정이었다. 요즘 새벽녘으로는 추위가 제법 무서웠다. 집고양이가 아니니 집이 있을 리 만무하고 어미는 시멘트 맨바닥에 새끼를 낳았을지도 모르겠다는 불안감이 솟구쳤다. 새끼와 어미가 컴컴한 창고에서 무엇을 먹고 있는지 먹이도 걱정이 되었다. 우선 커다란 박스를 찾아 개집부터 만들고, 그 안에는 헌 옷가지를 두툼하게 깔아 창고 안 구석진 곳에 들여놓았다. 그러고는 냉장고를 뒤져 먹다 남은 밥 덩어리와 소시지를 얇게 썰어 섞은 다음 죽을 넉넉하게 끓였다. 내가 본 것은 밤색 얼룩빼기 고양이 한 마리였지만 잡동사니 뒤 후미진 어둠 속에 몇 마리가 더 있을지 알 수 없어서였다. 물도 양은그릇 가득 담아 개집 옆에 가져다 놓았다. 혹시 어미가 나갔을지도 몰라 창고 문도 활짝 열어두었다.

새끼 고양이가 자꾸 눈에 어른거렸다. 보고 싶어 하는 내 기대와는 달리 새끼 고양이는 좀처럼 구석진 곳에서 나오지 않았다. 울음소리도 들리지 않았다. 조바심을 내며 종일을 기다려도 어미고 새끼고 고양이 모습을 볼 수 없었다. 며칠이 지나도 마찬가지였다. 의심 많은 길고양이라 잔뜩 긴장해서 달라진 환경에 경계를 하고 있는 것이리라. 먹는 모습을 볼 수는 없었지만 그래도 죽과 물이 줄어드는 것을 보니 고양이가 있는 것은 확실했다. 나는 창고로 고양이 밥을 계속해서 날랐다. 새끼 고양이와 직접 얼굴을 마주친 적은 없었지만 고양이와의 거리가 좁혀지고 있음을 느낌으로 알 수 있었다. 내가 창고에 들어서면 쥐 죽은 듯 조용했던 고양이가 어느 날부터인가 울음소리를 내기 시작했다. 울음소리를 통해 한 마리가 아니고 여러 마리임이 확실했다. 나는 어떤 녀석들인지 정말 궁금했지만 그들이 바깥으로 나올 때까지 기다리는 방법 외에는 별 뾰족한 수가 없었다.

그러다 퍼뜩 먹이 주는 방법을 바꿔보면 어떨까, 하는 생각이 들었다. 고양이 밥그릇을 창고 앞마당으로 옮겨놓았다. 거리를 떠돌며 시달린 까닭인지 고양이는 경계심이 대단했다. 며칠 만에야 마당에 모습을 드러낸 어미 고양이는 사방을 두리번거리며 살금살금 창고 밖으로 나왔다. 졸망졸망한 새끼 고양이도 어미를 따라 나왔다. 참외만 한 새끼 고양이는 모두 다섯 마리였다. 검은 놈, 누런 놈, 하얀 놈에 내가 처음 보았던 얼룩빼기도 있었다. 녀석들 노는 모습이 어찌나 귀여운지 창문 너머로 몰래 지켜보았다. 어미 고양이도 봉당 양지쪽에 누워 젖을 먹이기도 했다. 그러다가도 인기척만 나면 어미는 새끼들과 함께 창고 안으로 번개같이 사라졌다. 만져볼 수는 없었지만 한동안 마당을 뛰어다니며 뒤엉켜 노는 새끼 고양이들을 지켜보는 것이 큰 즐거움이었다.

그렇게 달포쯤 지났을까. 어느 날 갑자기 마당에서 놀던 고양이들이 보이지 않았다. 앵앵거리며 장난치던 새끼 고양이 소리도 들리지 않았다. 창고로 가보니 온기 식은 빈집만 을씨년스럽게 놓여 있었다. 창고 안 어디에도 고양이는 없었다. 이소를 한 것이었다. 그동안 정이 들었는데 가슴 한쪽이 허전했다. 한동안 분주했던 마당도 다시 예전 모습으로 되돌아갔다.

그런데 고양이들이 모두 떠나고 난 며칠 후 한밤중에 고양이가 마당에서 울며 돌아다녔다. 울음소리를 들어보니 분명히 새끼 고양이었다. 그리고 귀에 익은 소리였다. 내 손을 탔던 새끼라 안쓰러운 마음부터 들었다. 이튿날 아침에 일어나자마자 마당부터 살폈다. 낯익은 녀석이 창고 앞 맨땅에 잔뜩 웅크린 채 엎드려 있었다. 배가 고파

그러는가 싶어 음식을 가져다주었지만 입도 대지 않았다. 새 부리만 한 혀로 내 손을 빨다 울곤 했다. 목이 쉬도록 애처롭게 우는 새끼 고양이를 보니 가슴이 아렸다. 어미가 그리워 그러는 것 같았다. 그래도 어미는 나타나지 않았다. 매정한 어미를 욕했다. 그러다 나약한 새끼를 나무라기도 했다. 다른 형제들은 모두 독립해서 어미 곁을 떠났는데, 유독 녀석만 떨어지지 못하고 어미 주변을 맴도는 것이 나약해 보여서였다. 사람이나 짐승이나 더 마음 약한 놈이 있는가 보다.

밤낮없이 보채던 새끼 고양이 울음소리가 어느 순간부터 잠잠해졌다. 나는 새끼 고양이가 힘겨운 통과의례를 거쳐 이소했다고 생각했다. 그런데 창고 안을 들여다보니 집에 어미가 있었다. 그리고 그 옆에서는 새끼가 젖을 빨고 있었다. 나는 얼른 창고 문을 닫아주었다. 매정한 어미라고 욕했던 것을 취소했다. 어미 고양이의 모정이 고마웠다. 그렇게 얼마 동안 우리 집에서는 두 모자가 함께 어울려 지내는 모습을 볼 수 있었다.

우리 집 아람이

우리 집에 강아지 한 마리가 왔다. 이름은 '아람'이고 나이는 세 살이다. 사람으로 치면 성견이지만 몸집이 2킬로그램 남짓한 이쁘고 작은 요크셔테리어다. 사람이나 짐승이나 환경이 바뀌면 낯가림을 하고 보채는 것이 당연한지라 녀석이 우리 집에 적응할 때까지 며칠간 고생할 작정을 하고 있었다. 그런데 괜한 걱정이었다. 녀석은 별종이었다. 얼마나 붙임성이 좋은지 오자마자 찍 소리도 않고 집안 곳곳을 돌아치며 잘도 적응했다. 이제껏 키워주었던 주인이 보면 배신감을 느끼기에 충분했다.

나는 개를 싫어하지는 않지만 평소 개는 마당에 살아야 한다는 생각이 지배적이었다. 애완견이라도 개가 집안에 있는 것을 보면 질색을 했다. 가끔 지인들의 집에 갔다가 거실에 개가 돌아다니고 있으면 성가셔서 가둬두라고 성화를 대곤 했다. 그랬던 내가 스스로 개를 집안에서 키우겠다는 생각은 해본 적도 없었다. 그런데 아람이를 보고 나니 도저히 마당으로 내놓을 수 없었다. 귀엽기도 했지만 체신이 너무 작아 마당에 내놓았다가는 하룻밤을 넘기기도 힘들 성싶었다. 우리 집 마당을 제 집처럼 어슬렁거리는 길고양이에 비하면 아람이는 대거리도 안 될 정도로 왜소했다. 그야말로 '한 냄비거리'도 되지 않았다. 생목숨을 그렇게 방치할 수는 없는 일이었다. 개와 한 공간에 산다는 것이 찜찜하고 성가신 일이기는 했지만 하는 수 없이 집안으로 들일 수밖에 없었다.

그런데 조막만 한 아람이가 온 후 우리 집 분위기가 완전히 달라졌다. 아들 두 녀석이 집을 떠난 후 우리 집은 절간 같았다. 어찌 보면 절집보다도 더 적막강산이었다. 절집에서는 때때로 염불소리라도 들리지만 우리 집은 하루 종일 입을 떼는 사람이 없었다. 오죽하면 '이렇게 묵언수행을 했다면 진즉 도통했겠다'는 생각까지 들 정도였다. 아람이를 사이에 두고 마누라도 나도 갑자기 말이 많아졌다. 녀석 뒤치다꺼리를 하며 일도 많아졌다. 녀석도 우리 부부 사이를 오가며 흡족할 정도로 재롱을 부렸다.

아이들을 키우면서도 밑 한 번 닦아주지 않았던 내가 개똥을 치우고, 휴지로 엉덩이를 닦아주고, 목욕을 시키고, 이빨을 닦아주었다. 어떤 날은 입 짧은 녀석이 안쓰러워 억지로 입을 벌리고 입안에 먹이를 넣어주기도 했다. 어디가 아픈지 웅크린 채 꼼짝도 하지 않으면 마음이 그렇게 쓰일 수 없었다. 녀석의 일거수일투족을 살피며 전전긍긍했다. 속으로 '너를 거두듯 이렇게 부모님 봉양을 했으면 예전에 효자라고 동네방네 소문났겠다'라는 생각을 하며 죄송한 마음이 들기도 했다. 그렇게 우리는 찰떡같은 관계가 되었다.

그러다 주말에 객지에 있는 둘째가 왔다. 아람이가 돌변한 것은 그때부터였다. 녀석은 그동안 우리 부부와의 관계를 몽땅 저버리고 팔랑개비 돌리듯 꼬리를 돌리며 둘째에게 찰싹 달라붙었다. 그뿐만이 아니었다. 어디에 있든 부르는 소리만 들리면 쏜살같이 달려오던 녀석이 아무리 불러도 둘째가 있는 방에서 나오지 않았다. 어쩌나 보려고 두 다리를 잡고 끌어당기면 엉덩이를 뒤로 뺀 채 질질 끌려 나왔다가도 잡았던 다리를 놓으면 둘째가 있는 방으로 꽁지가 빠지게 달려갔다. 아무리 강아지라도 서운했다.

"아람이, 너 이 녀석! 오빠 가기만 해봐라. 사흘은 빡빡 굶겨놓을 테니!"

그렇게 말을 해놓고도 강아지와 신경전을 펴는 나 자신이 한심스러웠다.

그것이 서운해서 주말마다 함께 자전거를 타는 후배를 만나 아람이의 배신행위를 일러바쳤다.

"그×도 젊은 놈이 좋지, 늙은 남자가 좋겠슈?"

강아지를 오래 길렀던 후배가 말했다.

그 말이 맞는 듯싶었다. 그러고 보니 녀석은 식구들의 서열을 정해놓고 있었다. 둘째가 1위, 마누라가 2위, 내가 3위였다. 이제 큰아들이 오면 마누라와 나는 또 한 계단씩 순위가 밀려날 것이다.

"저기 가는 저 늙은이, 늙기도 서러운데~ 개까지 날 비웃느냐."

불현듯 옛시조 한 수가 떠올랐다.

아람이의 영역표시

요 근래, 나는 땅 부자가 되었다. 자고 일어나면 매일처럼 땅이 늘어난다. 우리 집을 중심으로 걸어 두 시간 내에 있는 땅은 모두 내 땅이 되었다. 집 뒤에 있는 초등학교 운동장도, 교육도서관도, 집 앞에 있는 매봉산도, 무심천 롤러스케이트장도, 수곡동 부모님이 사시는 목화맨션까지도 모두 다 내 땅이다. 필요하면 더 멀리까지도 내 땅으로 만들 수 있다. 마음만 먹으면 언제든지 어디까지든 내 땅으로 만들 수 있다. 이렇게 땅 부자가 되기 쉬운 것을 사람들은 왜 그렇게 땅을 가지지 못해 난리들인지 모를 일이다.

요즈음은 대문 밖만 나서면 마음이 뿌듯하다. 내 눈에 들어오는 모든 땅이 내 것이 되었기 때문이다. 며칠 전에는 술을 마시다 땅을 가지고 싶다는 친구에게 원하는 만큼 흡족하게 아낌없이 떼어주었다. 친구가 받기 싫다고 거부할 때까지 맘껏 나눠주었다. 그까짓 땅, 조금 부지런하기만 하면 또 생길 터에 조금도 아까울 것이 없다. 불과 두 달 사이에 나는 거부가 되었다.

내가 이렇게 땅 부자를 넘어 땅 거부가 된 것은 순전히 아람이 덕분이다. 친구를 잘 만나면 자다가도 떡이 생긴다더니 그 말이 틀린 말은 아닌가 보다. '사촌이 땅을 사면 배 아프다'라는 속담은 속 좁은 인간들이나 하는 말이다. 사촌이라도 자꾸 땅을 사야만 된다. 사촌이나 이웃이나 친구나 자꾸자꾸 부자가 되는 것은 좋은 일이다. 이웃이 잘 살아야 내게도 떨어지는 고물이 생기는 법이다. 이웃이 못 살아 굶으면 내 마음도 편할 리 없다. 그러니 이웃이 잘 살아야 내게도 도움이 된다. 개뿔도 모르는 좁쌀 같은 인간들이나 남이 잘되면 배를 앓는 것이다.

처음에는 나도 우리 집에 들어온 아람이를 탐탁잖게 여겼다. 오히려 성가시게 생각했다. 밥만 축내고, 분별없이 아무 데나 따라나서고, 심심하면 치대고, 조그만 소리가 나도 동네 참견을 하며 시끄럽게 구는 녀석을 남에게 주어버릴까, 하는 생각까지 했었다.

그러던 어느 날 아침 산책길에 데리고 나간 아람이가 이상한 행동을 했다. 녀석은 얼마나 호기심이 많은지 온갖 곳을 돌아다니며 냄새를 맡았다. 그러다가는 자기가 마음에 드는 곳에 오줌을 쌌다. 그런데 그 자세가 요상했다. 몸집이 조막만 한 녀석은 좀 더 높은 곳에 오줌을 싸려고 뒷다리를 모두 들고 물구나무를 섰다. 그러다 어떤 때는 너무 허리를 꺾어 땅바닥에 벌러덩 나뒹굴기도 했다. 다소곳해야 할 여자가 그 무슨 해괴망측한 짓이란 말인가. 그 모습을 보며 나는 창피해서 얼굴이 붉어졌다. 누군가 볼까 민망해서 주변부터 살폈다. 그러고는 이 녀석이 뭘 하는 행동인지 궁금했다. 녀석의 요상한 행동은 산책할 때마다 끈질기게 이어졌다. 산책하던 사람들도 묘기에 가까운 아람이 몸짓을 보며 즐거워했다.

몇 날이 또 그렇게 흘러가고 나는 텔레비전에 빠져 한가로운 오후를 보내고 있었다. 화면에는 끝도 없이 펼쳐진 광활한 초원 어디쯤 그늘나무 아래 사자 가족들이 무리 지어 노닐고 있었다. 어미는 땅바닥에 배를 깔고 누워 낮잠을 자고, 새끼들은 어미 주변을 맴돌며 장난질을 쳤다. 그 모습을 보고 있노라니 너무나 평안해서 무서운 사자들이 아니라 도심의 어느 공원을 산책하고 있는 행복한 가족을 보고 있는 듯했다. 그러다 어느 순간 무리의 우두머리인 듯 사자 한 마리가 이상한 행동을 했다. 몸집이 당산만 한 사자는 무리의 주변을 배회하다가는 한쪽 다리를 들고 풀이고 바위고 큰 나무줄기에다 오줌을 '쫙! 쫙!' 갈겨댔다. 언젠가 책에서 보았던 '내 땅이니 들어오지 말라!'는 경고의 의미인 동물들의 영역 표시였다.

그 순간 내 눈앞에 언뜻 스쳐가는 어떤 풍경이 떠올랐다. 어디서 많이 보았던 익숙한 모습이었다. 비록 초원은 아니었지만 우리 동네 곳곳에 오줌을 싸던 아람이가 떠올랐다. 아람이도 사자처럼 영역 표시를 하고 있는 중이었다. 뿐만이 아니었다. 아람이는 사자고, 호랑이고, 심지어는 물속 악어까지 화면에 나타나면 쏜살같이 달려가 앞발을 쳐들고 방에서 몰아냈다. 그러고는 그들이 꽁무니를 보이며 화면에서 도망칠 때까지 대차게 짖어댔다. 우리 집은 조막만 한 아람이가 지키고 있는 셈이었다. 흐뭇했다. 녀석이 물구나무를 서서 오줌을 싸댈 때마다 내 땅이 불어나니 뿌듯했다. 나는 땅 부자가 되는 기분을 만끽하기 위해 매일처럼 녀석을 데리고 나갔다.

오늘 새벽에도 일찍 아람이를 데리고 대문을 나섰다. 오늘도 예외 없이 녀석은 자신의 영역을 넓히기 위해 온몸으로 열과 성의를 다했다. 나는 그 모습을 보며 흐뭇했다. 그러다 순간, 나는 심한 부끄러움을 느꼈다. 녀석의 망측한 몸짓 때문이 아니었다. 이번에는 나 스스로에게 부끄러웠다. 사자처럼 힘센 동물도 아닌 그지없이 가냘픈 아람이도 제 영역을 만들기 위해 저토록 열심인데, '나는 뭔가?' 하는 자괴감이 들었다.

'나는 지금 어떤 방법으로 내 영역을 만들고 있는 걸까?'

아람이의 가출

모처럼 만난 친구와 육거리 '우리 전집'에 갔다. 옆 사람과 등이 맞닿을 정도로 비좁은 목로에 앉아 술잔을 건네며 그동안 밀린 이런저런 얘기를 나누며 한가로운 오후를 맘껏 즐기고 있었다. 뜨거운 날씨 탓이기도 했지만 급하게 들이킨 막걸리에 얼굴이 화끈거리며 기분 좋게 취기가 오르고 있었다. 첫 주전자를 비우고 다시 한 주전자를 더 시켰다. 안주도 더 시켰다. 오늘은 무장해제를 하고 여유롭게 마셔볼 작정이었다. 그때 휴대폰이 울렸다. 아내였다. 휴대폰에서 다급한 목소리가 흘러나왔다.

"○○아빠! 아람이가 없어졌어요!"

순간 가슴이 철렁 내려앉았다. 머릿속이 하얘지며 아무런 생각도 떠오르지 않았다. 무엇부터 해야 할지 도통 갈피를 잡을 수 없었다. 무조건 택시를 타고 집으로 달렸다. 대문은 열려있고 집에는 아무도 없었다. 아내는 아람이를 찾으러 나간 것 같았다. 나도 자전거를 꺼내 타고 아람이를 찾기 위해 집 밖으로 내달렸다.

눈에 불을 켜고 동네 큰길부터 골목골목을 샅샅이 누벼도 아람이는 보이지 않았다. 혹시 도로를 건너다 차에라도 치였으면 어쩌나? 혹시 낯모르는 사람에게라도 잡혀갔으면 어쩌나? 온갖 불안한 생각이 끊이지 않고 샘솟았다. 어두워지면 당장 오늘 밤 그 작은 것이 어디서 자나? 혹시 찾지 못하면 어쩌나 하는 생각을 하니 다리에 힘이 풀렸다. 술기운 탓인지 핸들은 흔들리고 페달 밟는 다리는 자꾸만 헛디뎌졌다. 내리쬐는 땡볕과 술기운에 땀은 비 오듯 하고 정신마저 몽롱해졌다. 숨이 목전까지 차올라 서있는 것조차 힘이 들었다. 그러고도 한참을 더 동네를 돌아친 후에야 반쯤 자포자기 상태가 되었다. 누군가 연락을 해주기 전에는 내 힘으로 찾는 것은 불가능하겠다는 생각이 들었다. 다치지만 않고 거리를 헤매다 사람들 눈에 발견되기만을 간절하게 빌었다.

집으로 돌아오니 아내도 얼굴이 뙤약볕에 익어 빨갛게 상기된 채 마당에 서있었다. 자주 데리고 다니던 산책길까지 모두 찾아봤는데 찾을 수가 없단다. 집에 손님이 온다기에 음료수를 사려고 편의점에 가느라 잠깐 나왔는데, 대문이 꼭 닫히지 않았던지 그 틈새로 뛰쳐나갔단다. 아내의 이야기를 듣는 순간 부아가 치밀었다.

"잠깐이래두 대문을 걸고 갔어야지, 천방지축 그깟 놈이 뭘 알어!"

다짜고짜 소리부터 냅다 질렀다. 아내는 자기가 지은 죄가 있어 아무런 대꾸도 하지 못했다.

"가을에는 수술도 해야 하는데 다리도 안 좋은 애를 어쩔겨? 만약 못 찾기만 해봐, 당신이 다 책임져야 해!"

아내를 몰아세웠다. 아람이를 찾지 못할지도 모른다는 불안한 생각이 나로 하여금 자꾸만 아내를 책망하게 만들었다.

"누가 나갈 줄 알았어? 오늘 첨이란 말야!"

아내가 발끈했다.

"뭐가 첨이여! 매번 조심성이 없어!"

"그럼, 틈만 나면 밖으로 나가려는 애를 무슨 수로 막아? 난 할 일이 없어?"

잠자코 있던 아내가 계속된 나의 닦달에 발끈했다.

"뭘 잘했다고? 매사에 사려 깊게 행동하란 말이야!"

"내가 사려 깊지 않게 행동한 건 또 뭐야?"

"대들 힘 있으면, 얼른 아람이나 찾아와!"

내가 버럭 소리를 질렀다.

그렇게 우리 부부는 아람이로 인해 부부 싸움을 했다. 녀석이 가출하기 전까지만 해도 평화로웠던 집안 분위기가 급랭했다. 간만에 만난 친구와 모처럼 여유를 부리며 마시려던 술자리도 깨졌다. 무엇보다도 아람이 안전이 걱정이었다. 이 모든 게 아람이가 집을 나갔기 때문에 벌어진 일이기는 했다. 그래도 아람이를 탓하고 싶지는 않다. 아람이는 잘못한 것이 없다. 잘못이 있다면 대문을 걸지 않고 나간 아내의 사려 깊지 못한 행동 때문이다. 그러니 몽땅 아내 잘못이다. 아내를 마구 몰아붙이고 닦달했다.

그때 집사람의 핸드폰이 울렸다. 나는 수화기에서 흘러나오는 목소리에 온통 귀를 기울였다.

"혹시 아람이 잃어버리지 않으셨나요? 목걸이에 전화번호가 있어서……."

다행히도 누군가 아람이를 발견해서 보호하고 있는가 보다.

"뭐 하는 거여! 빨리 가봐!"

통화가 끝나기도 전에 나는 빨리 가라며 아내를 내몰았다.

"마누라가 나갔어도 저 난리를 피웠을까?"

아내가 아람이를 데리러 무심천 롤러스케이트장으로 가며 쏘아붙였다.

아내의 말처럼, 그래도 그랬을까.

'개 때문에?' 생각해 볼 문제였다.

아람이처럼 살면

"거울 좀 보슈!"

"뭔 소리여?"

"그렇게 마시고 다니더니 결국 형수한테 당했구려."

간만에 만난 후배가 내 목을 가리키며 실실거렸다. 뭔가 하는 마음으로 옆에 있던 거울을 보았다. 그리고 나는 깜짝 놀랐다. 내 목에는 자국도 선명하게 할퀸 자국이, 그것도 줄무늬 토기처럼 그어져 있었다. 그건 누가 봐도 영락없는 손톱자국이었다.

이상한 일이었다. 지난밤에 누구와 싸운 기억도 전혀 없었다. 싸우는 것도 뭔가 의욕이 넘칠 때 말이지 세상에 전혀 바랄 것이 없는데 뭣 때문에 싸운단 말인가. 더구나 마나님과 싸울 일은 전혀 없었다. 싸워봐야 백전백패, 승패가 분명한 그런 싸움을 바보가 아니라면 뭣하러 한단 말인가. 싸움을 포기한 지 이미 오래되었다. 그제야 지난밤에 무슨 일이 있었는지 곰곰이 생각해 봤다.

어제저녁 무렵 친구에게서 전화가 왔다. 술을 한잔하잔다. 이 뜨거운 염천에 술은 무슨 당치도 않는 소리냐며 펄쩍 뛰었지만 말로만 그럴 뿐 내심 전화해 준 친구가 고마웠다. 급히 나서는 나를 보고 마누라는 저녁을 하지 않아도 되겠다며 희색이 만연했다. 나 역시 바쁜 걸음으로 서둘러 갔다.

약속 장소에 도착했을 때 친구는 보이지 않았다. 친구는 그 집의 전(부침개) 찌개를 무척 좋아했다. 친구가 맛있게 먹는 모습을 상상하며 전 찌개를 시켰다. 그런데 주인아주머니가 다른 것을 먹으면 안 되겠느냐며 난감해했다. 워낙 날이 더워 안에서 찌개를 끓이면 열기 때문에 다른 손님들이 싫어한다는 것이었다. 그도 그럴 것 같아 망설이고 있는데, 마침 그때 막 들어온 친구가 "남 눈치 볼 거 없어! 나 하고 싶은 대로 하는 게 장땡"이라며 굳이 전 찌개를 해달란다. 그럴 친구가 아니었다. 술이 몇 순배 돌고 나서 거나해진 다음에야 친구는 속내를 털어놓았다. 이제껏 상대방 마음에 상처를 줄까 걱정되어 하고 싶은 말이 있어도 참고 지냈더니 모두들 자기를 개떡으로 본다는 얘기였다. 무슨 일인지는 더 들어보지 않아도 뻔한 일이었다. 과하지도 덜하지도 않게 산다는 게 어디 쉬운 일인가. 착하게 보이면 깔보고 어렵게 보이면 눈치를 보는 것이 세상인심 아닌가. 무슨 일이 있었는지는 굳이 물어보지 않았지만 친구는 이제껏 살아온 자신의 방식에 대해 회의가 든 것이 틀림없었다. 살다 보면 다반사로 겪는 일 아니었던가. 친구와 나는 특별한 대상도 없는 세상에 대해 마구 욕을 하며 마시고 또 마셨다. 만취했다. 그리고 집으로 돌아왔다.

그런데 반갑게 뛰어나와야 할 아람이가 보이지 않았다. 거실에 들어섰는데도 녀석은 감감무소식이다. 안방 문을 열고 들어가니 마누라는 연속극에 빠져 있었다. 아람이는 마누라 품에 안겨 나를 본체만체했다. 평소라면 팔랑개비 돌리듯 꼬랑지를 흔들며 내게 달려들던 놈이었다. 외출했다 돌아오면 제일 먼저 달려와 반기는 놈이 아람이었다. 나를 그토록 반가워하는 녀석이 세상에 저놈 말고 또 있을까. 나는 그게 고마워 아람이가 좋아하는 것이면 뭐든 챙겨가지고 들고 왔다. 그때마다 아람이는 오히려 과분할 정도로 내게 고마움을 표현했다. 그런 녀석도 나를 멀리할 때가 있다. 내가 술을 먹고 오는 날이다. 녀석은 술 냄새를 몹시 싫어했다. 술을 먹고 오는 날은 어떻게 귀신처럼 아는지 대문 소리가 나도 꼼짝도 하지 않는단다. 마누라는 그런 아람이가 귀여워 머리를 쓰다듬으며 기특해했다.

아마도 내 목에 할퀸 자국이 난 것은 그 이후에 일어났을 것이다. 마누라 품에 파묻혀 나를 외면하는 아람이가 못마땅했을 터이고, 그런 녀석을 굳이 잡아당겨 코에다 술 냄새를 뿜어댔던 기억이 난다. 녀석이 진저리를 치며 나를 뿌리치려 했고 내가 앞다리를 잡아당기자 입질을 하며 물려는 시늉까지 했었던 것이다. 그런 아람이에게 심통이 나서 아람이를 안고 내 방으로 데려왔던 것인데 자꾸만 기름챙이처럼 빠져나가려는 녀석과 실랑이를 벌였던 기억, 그러다 잠이 들었는데……. 녀석은 내게서 빠져나가려고 모진 발버둥을 쳤을 것이다. 목에 난 할퀸 자국은 녀석이 그때 한 짓이 틀림없었다.

필요하면 꼬리를 흔들며 반가워하고, 싫으면 언제 그랬냐 싶게 돌아서는 단순하고 맑은 아람이처럼 살면 서운할 일도 욕할 일도 없을 터인데…….

개를 부러워하는 세상

"니가 나보다 낫다. 산책도 하고!"

아직 날도 새지 않은 어슴푸레한 새벽, 큰 길가에는 통근버스를 기다리는 근로자들이 줄줄이 서 있었다. 내가 아람이를 데리고 무심천으로 산책을 나가고 있었는데 그들 중 누군가가 하는 말이었다.

개만도 못하다며 스스로를 자책하는 그는 어떤 사람일까. 무슨 의미로 그런 이야기를 했을까. 그 소리를 듣는 순간 잠깐이었지만 그들에게 미안한 생각이 들었다. 자신들은 잠도 설치고 새벽부터 일어나 분주하게 쫓기듯 일터로 출근하는데 개나 데리고 여유를 부리는 내가 그들 눈에 어떻게 비쳤을까. 다 그런 건 아니지만 출근해서 퇴근할 때까지 허리 한 번 시원하게 펼 사이 없이 기계처럼 일해야 하고, 점심시간이 아니면 화장실도 다녀올 틈도 없어 종일 참아내며 일해야 하는 이가 보았다면 내 모습이 언짢게 보일 수도 있겠다 싶어 그 앞을 빠르게 지나쳤다. 무심천 물가로 난 길을 따라 걸으면서도 '니가 나보다'란 말이 내내 뇌리 속에서 떠나지 않았다.

아람이를 데리고 산책하다 보면 이런 소리는 종종 듣곤 했었다. 출근하던 직장인이, 인력시장에 모여 있는 일용직 남자가, 신호등을 기다리던 어떤 아주머니가, 재래시장 상인이, 연세 많은 노인 분들로부터 푸념 섞인 말을 듣곤 했던 것이다. 대부분 사는 것이 팍팍한 사람들이다. 얼마나 사는 게 각박하면 개를 부러워할까. 아무리 그래도 사람이 낫지, 설마 사람의 삶이 개만도 못할까?

참으로 암울한 시절이다. 오늘이 아무리 힘겨워도 사람들이 살아가는 것은 그래도 내일은 오늘보다 나아질 것이라는 희망이 있기 때문이다. 그런데 과거를 돌아보고 오늘을 보면 시간이 흐를수록 사람들 삶이 점점 더 녹록지 않다는 사실이다. 물론 과거에 비해 현재는 모든 면에서 비교가 되지 않을 정도로 편리해졌다. 하지만 사람들은 그다지 행복해 보이지 않는다. 잠도 줄여가며 새벽부터 동동거려도 처지는 좀처럼 좋아질 기미가 없다. 온종일, 한 달 내내 아무리 바쁘게 몸을 놀려도 좋아지는 것은 별반 없고 피곤만 첩첩 쌓인다. 그저 맹목적으로 기계적으로 삶을 때워갈 뿐이다. 그러다 보니 아무런 생각도 없이 그저 본능에 따라 움직이는 개를 부러워하는 세태가 된 것은 아닐까 한다. 더더욱 심각한 문제는 아무리 열심히 일해도 희망이 없다는 사람들의 체념이다. 사람에게 희망이 없으면 살아도 산목숨이 아니다. 절망은 곧 죽음에 이르는 병이다.

그런데 체념하고 절망하고 포기하는 풍토가 삶에 지치고 세파에 시달린 중년들뿐만이 아니라 한창 꿈으로 충만해 있어야 할 젊은이들에게까지 만연되어 있다는 것이 사회적 병폐다. 요즘 많은 젊은이들이 결혼을 미루거나 포기하고 있다. 인생에 있어 결혼이 꼭 해야 할 필수는 아니다. 그렇지만 상당히 중요한 일임에는 틀림없다. 그럼에도 불구하고 혼인 적령기에 있는 젊은이들이 결혼을 하지 않고 있다. 물론 이런 현상이 개개인의 성향에 따른 것이라면 할 말이 없다.

하지만 대부분의 젊은이들이 결혼을 포기하는 이유는 경제적인 요인에 의해서다.

요즘 젊은이들은 태어나면서부터 부모들에 의해 경쟁 사회로 내몰려, 주기보다는 차지하는 것을 먼저 배우고, 상대와 협동하기보다는 자기중심적으로 생각하는 것이 익숙한 세대다. 이들은 학창 시절부터 친구조차도 경쟁상대로 대해야 했고, 어려운 취업문을 통과했어도 또 동료들과 끊임없이 경쟁해야 한다. 그렇게 치열하게 일해도 막상 결혼하려고 하면 경제적 현실은 거대한 벽이다. 스스로 결혼비용을 마련해 결혼하려면 혼기 안에는 불가능하다. 부모가 능력이 되어 집칸이라도 마련해 줄 수 있다면 훨씬 힘이 되겠지만, 금덩어리만큼 비싼 집을 선뜻 해결해 줄 수 있는 그런 집이 얼마나 될까. 왈왈, 흙수저와 금수저가 난무하는 까닭이다. 흙수저로 태어난 젊은이는 결혼도 뜻대로 할 수 없다. 이 문제는 개인의 능력 부재에서 파생된 문제가 아니라 전적으로 사회구조적인 문제다. 그러니 이 사회가 해결해야 할 문제다.

그렇다면 도대체 왜 이런 세상이 되었을까. 이런 현상은 어디에서부터 생겨난 것일까. 그것은 한마디로 자본주의에서 파생된 물질만능의 병폐 때문이다. 그 어떤 것보다도 물질을 우선시하고 물질을 모든 것의 척도로 인식하는 잘못된 가치관이 우리 사회를 병들게 만들었다. 심지어 한 인간의 성패마저 부의 축적에 따라 판단하는 천민자본의식이 사람들의 삶의 가치와 행복을 박탈해가고 있다. 부가 곧 행복이라는 사회적 통념은 사람들을 쉬지 못하게 만들고 있다. 이익을 추구하는 기업에서는 그런 사람들의 속성을 이용하여 더더욱 물질의 가치를 부추기고 사람들의 노동력을 착취한다. 그리고 거기에서 파생된 이득은 균등하고 공정하게 분배되지 않는다. 게다가 기업주는 온갖 명목으로 인력을 줄이고 남은 사람들이 그 일을 감당해 내야 한다. 여유를 부릴 틈이 없다. 그렇게 부당한 처우를 당하면서도 근로자들은 직장을 잃을까 두려워 기업가에게 항변조차 하지 못한다. 숨통이 막힐 지경이다. 아무리 일을 해도 나아지지는 않고, 분노하다 체념하다 결국 절망하고 마는 것이다. 조선시대 양반과 종의 관계가 이보다 더할까. 자본주의에서 반드시 도려내야 할 암 덩어리다.

사람이 하늘이고, 사람이 세상의 중심이다. 사람을 중하게 여기지 않는 사회는 건강한 사회가 아니다. 사람은 존재 그 자체만으로도 존중받아야 한다. 그런데 작금의 자본주의 경제체제 아래서 인간은 하나의 부속품으로 전락되고 말았다. 그래서 생산성이 떨어지는 사람이나 기업의 이익 창출에 걸림돌이 되는 사람은 즉시 도태되고 만다. 사람이 물건을 지배하는 것이 아니라 물건이 사람을 지배하는 세상이 되고 말았다. 주객이 전도되었다. 그러다 보니 사람이 개를 부러워해도 별로 이상하게 생각하지 않는 세상이 되었다. 그래도 그건 아니란 생각이 든다.

오늘따라 사람들을 보고 짓는 아람이가 민망하다. 그래서 자꾸 아람이 주둥이를 손으로 틀어쥐었다. 그리고 아람이에게 혼잣말로 말했다.

“아람아, 절대로 너는 사람보다 낫지 않아. 그건 그냥 사람들이 너를 빗대 하는 말이야.”

겨울나기 힘드네

아침에 일어나 마루 미닫이문을 여니 찬 기운이 섬뜩하다. 콧속이 싸하다. 제대로 소한(小寒) 추위를 하나 보다. 그런데 봉당을 보니 간밤에 주문해 먹고 던져놓은 피자 포장지가 씻어놓은 듯 깨끗하다. 그것을 보고 있노라니 추운 날씨만큼이나 가슴이 더 저리다. 지난밤에 아람이가 죽어라 짖어대더니 그때 고양이가 다녀갔는가 보다. 그러고도 나보다 한참을 마당에 더 있다 들어오던 아내가 '쯧' 차를 차며 말한다.

"고양이들, 겨울나기 힘드네!"

어제저녁에 먹고 남은 생선을 밥과 섞어 옥상 위에 올려놓았는데 싹 쓸어먹었단다. 겨울이 되니 사람이고 짐승이고 풀이고 모두가 힘들다. 특히나 보살펴주는 주인이 없는 고양이들은 더더욱 그럴 것 같다. 며칠 전부터 만삭인 고양이 한 마리가 먹을 것을 찾아 걸금거리며 마당을 가로질러 어슬렁거리기에 빈 그릇을 하나 처마 끝에 갖다 놓았었다. 날씨도 춥고 먹을거리가 귀해지는 겨울에 새끼까지 가졌으니 고생이 작심할 것 같았다. 사람도 먹고살기 힘든 판에 무슨 고양이 타령이냐고 포스라운 소리 한다고 핀잔을 얻어먹을지도 모르겠다.

그래도 생명이 있는 모든 것들은 동물이든 식물이든 귀하게 여겨야 한다고 생각한다. 전에는 그런 것들에 대해 그저 무덤덤했었는데, 세월이 흐를수록 측은한 마음이 더해만 간다. 나이가 들어가면 그렇게 변하는 것일까. 생명이 있는 것들이 힘겨워하는 모습을 보면 안쓰럽다. 겨울이 깊어져가며 우리 집 마당에는 길고양이와 새들이 자주 찾아온다. 오는 고양이들마다 한눈에 보기에도 먹지를 못해 피골이 상접하다. 날도 찬데 굶주려 그런지 먹이를 찾아다니는 걸음걸이조차 비칠비칠 힘겨워 보인다. 그럴 때는 얼른 시선을 돌려버린다. 자꾸만 그 모습이 떠올라 신경 쓰이는 것이 싫다. 누군가의 도움이 없으면 꼼짝없이 굶어야 하는 그들의 처지가 안타깝기도 하지만 한편으로는 슬그머니 화가 나기도 한다. 존재에 대한 분노가 인다. 사람 또한 고양이와 별반 다를 것이 없다는 상념에 다다르면 이젠 회의마저 든다. 그래서 이따금씩 이런 말을 내뱉곤 했다.

"난, 이번에 가면 다신 여기에 안 올 거야!"

그러면 하나같이 "그게 네 마음대로 되냐?"며 비웃듯 말한다. 그러거나 말거나 염라대왕 바짓가랑이를 붙잡고 늘어지더라도 절대 오지 않을 것이다. 마음고생하는 것이 싫어 다시는 오고 싶지 않다. 돌이켜 보면 이제껏 살아오며 갈등을 느끼지 않은 날이 몇 날이나 될까. 행복한 나날은 아니더라도 평온하게 지내는 사람이 얼마나 될까. 어떤 사람도 갈등 없이 편안하게 지내는 사람을 본 적이 없다. 그럴 때마다 무어라도 해야 하는 게 아닌가 하면서도 뭘 어찌해야 할지 막막하다. 그래서 미안하고, 그래서 화가 나고, 그래서 다시는 오고 싶지 않다.

모든 만물이 편안했으면 좋겠다. 사람도 동물도 식물도 이 세상에 존재하는 모두가 사는 동안 어렵지 않게 살면 좋겠다. 더구나 요즘 같은 엄동에는 그런 생각이 간절하다. 사람이든 짐승이든 스스로 헤쳐 나갈 힘이 없어 누군가에게 의존해야만 생존할 수 있는 그런 존재들에게 도움을 줄 수 있었으면 좋겠다. 그러면 아무리 추운 겨울이라도 조금은 덜 춥지 않을까. 그리고 덜 힘겹지 않을까.

아침서부터 고양이 때문에 괜스레 심란하다. 이미 한참 전부터 사람들 사이에서 반려견이나 반려묘에 대한 의견이 분분하다. "사람 살기도 힘든데 무슨 반려냐?"는 주장과 "반려동물도 가족이다."라는 의견이다. 양분된 두 주장 중 어느 쪽이 옳다고 편들고 싶지는 않다. 다만 이런 이유로 후자 쪽에 비중을 두고 싶다.

며칠 전 무심천에 산보를 갔다가 갈대숲 여기저기 뿌려져 있는 낟알 무더기를 보았다. 겨울철이라 모이 구하기 힘든 날짐승을 위한 누군가의 따뜻한 배려였다. 예전 우리 어르신들은 첩첩 쌓인 눈 속에서 굶주리다 내 집으로 찾아든 짐승은 절대로 잡아먹지 않았다. 사람이든 짐승이든 곤경에 처해 있을 때는 우선 구하고 보는 것이 당연하다. 어떤 사람이 어려움에 처해 있거나 매우 위급한 상황에 처해 있다면 그 사람을 도와주는 것은 인지상정이다. 말라가는 화초가 안타까워 물을 주는 마음, 손길이 필요한 짐승을 보살펴 주어야겠다는 마음이 있어야 사람을 사랑하는 마음도 생기는 것이 아닐까? 내 마음에 측은지심이 없는데 사람인들 보일까? 극단적으로 생각하면 동물을 학대하는 사람이라면 얼마든지 사람도 학대할 수 있다는 말이다.

따뜻한 봄이 오면 길고양이들의 고생도 어느 정도는 덜하겠지만 아직도 추위가 지나가려면 한참을 더 견뎌내야 한다. 사람도 짐승도 이 겨울을 잘 건너갔으면 좋겠다. 모두들 몸 고생, 마음고생이 덜한 나날이 되었으면 한다. 또, 아무리 하찮은 존재라 하더라도 마음을 써주는 그런 사람들이 늘어나 따뜻한 세상이 되었으면 좋겠다. 그러면 다시는 오지 않겠다던 마음에 금이 갈는지도 모르겠다.

장평교 아래로 새끼 오리 구경 오세요

아직도 날이 새지 않아 창문이 푸르둥둥하다. 간밤에 몇 번이나 자다 깨다를 되풀이했는지 잠을 잔 것 같지도 않다. 일어나니 머릿속에 돌덩어리라도 들어앉은 것처럼 묵직하다. 자전거를 타고 무심천에 나가볼까 하다 그냥 방으로 들어왔다. 차일피일 게으름을 피우다 밀린 원고가 부담스러워서였다. 요즈음은 새벽에 일어나 두어 시간 하는 일이 종일 하는 일의 절반도 넘는다. 낮에는 여러 일로 정신이 산만해져서 새벽처럼 집중할 수 없다. 그래서 될 수 있으면 새벽에는 움직이지 않고 원고에만 매달렸다.

무심천에 나가려는 생각을 접고 책상 앞에 앉았다. 그러나 잠을 설친 탓에 정신이 몽롱하여 좀처럼 집중이 되지 않는다. 또다시 갈등이 일어났다. 원고와 무심천 사이를 왔다 갔다 하며 양말을 신었다 벗었다를 반복했다. 이런 간단한 일도 단숨에 결정하지 못하고 오락가락하는 자신이 스스로 한심하다.

그러고도 몇 번이나 망설이다 결국 자전거를 끌고 집을 나와 무심천으로 향했다. '맑은 정신에도 제대로 안 되는 글이 이렇게 어지러운 머리로 되겠니?' 하는 생각이 원고 대신 자전거를 선택하게 했다. 큰길에는 새벽녘이라 인적도 자동차도 뜸했다. 인력 소개소 앞 도로

가에만 일용직들이 줄줄이 앉아있다. 자전거를 타고 그들 앞을 지나가는 것이 미안하다. 나도 저들 못지않게 팍팍하게 살아가고 있지만 혹여 저들 중에 누구라도 "팔자 좋게 자전거나 타러 다닌다."며 욕을 할 것만 같다. 그래서 인력소개소 앞을 지날 때마다 신경이 쓰여 더욱 조심스럽다.

무심천 둑이 저만치 앞에 보이기 시작하자 그런 상념도 순식간에 사라져버린다. 무심천에는 이미 많은 사람들이 나와 아침 운동을 하고 있다. 도로에서 무심천 물가 산책로만 내려서도 한결 시원한 느낌이 든다. 공기도 맑다. 바람결에 흔들리며 서걱거리는 억새 소리도 좋다. 자전거를 타고 무심천 상류인 장암교 쪽으로 달렸다. 머릿속을 짓누르던 묵직한 기운이 귓가를 스치는 바람을 따라 빠르게 사라져갔다.

꽃다리를 지나고, 수영교를 지나고, 원평교를 조금 지나 남이에서부터 내려오는 미평천과 무심천 본류가 만나는 지점에서였다. 예전에 이곳은 사방이 너른 들판이었다. 그 들판의 중심을 휘저으며 뱀처럼 미평천이 흐르고 있었다. 그러나 이젠 대규모 아파트 단지가 들어서며 논밭은 모두 사라졌고 미평천 역시 그런 건물들 밑으로 숨어버려 짐작조차 어려워졌다. 그러다 무심천과 만나는 지점에 다다라 시멘트로 뒤덮인 미평천이 동굴처럼 입을 벌리고 있다. 도랑이라고도 하기조차 미안할 정도로 지금은 끄트머리만 조금 남아있다. 그곳을 막 스쳐 지나가는데 모래밭과 물 위에 무언가 분주하게 움직이는 것이 보였다.

급하게 자전거를 세웠다. 그리고 아파트 아래로 흐르는 미평천을 눈여겨 살펴보았다. 물오리 떼였다. 어미 오리와 새끼 오리 여덟 마리, 물오리 한 가족이었다. 어미와 새끼 오리가 미평천과 원평교 다리 사이 모래톱에서 놀고 있었다.

참으로 오랜만에 구경하는 추억의 풍경이었다. 예전에는 봄만 되면 고향 앞마당에서 흔히 볼 수 있는 병아리였다. 고향을 떠난 후에는 봄만 되면 학교 교문 앞에서 노란 병아리를 사 오곤 했었다. 그러다 언제부터인가 우리 주변에서 병아리를 볼 수 없게 되었다. 그리고 아예 기억 속에서 사라져버렸다. 이따금씩, 아주 이따금씩 병아리를 보게 되면 너무나 신기해 한참을 들여다보곤 했었다. 그런 병아리를 야생에서 그것도 도심 속 아파트 단지 시멘트 구조물 사이에서 구경할 수 있다는 것이 신기하기만 했다.

나는 자전거를 타고 무심천 상류의 장평교까지 가려던 계획을 포기하고 천변에 앉아 새끼 오리들 노는 모습에 빠져들었다. 새끼 오리들은 어미를 따라 졸졸 흐르는 시냇물을 건너기도 하고, 부리로 이파리를 쪼기도 하고, 모이를 찾는 것처럼 가느다란 다리로 모래밭을 파헤치기도 했다. 고놈들이 하는 짓거리 하나하나가 구경거리였다. 혼자만 보기 아까운 풍경이었다. 나는 고놈들의 귀여운 몸짓을 연신 카메라에 담았다. 그리고 지인들에게 전송했다. 얼마 지나지 않아 내 핸드폰으로 갖가지 이모티콘이 날아들었다.

왠지, 오늘은 좋은 일만 생길 것 같다. 앙증맞은 새끼 오리들이 내게 행운을 가져다줄 것 같다. 일상에 지친 내게 신선한 에너지를 마구 뿜어주는 새끼 오리들이 고맙다. 삭막한 도심 속에서도 살아있는 자연을 볼 수 있도록 해준 무심천에게도 고맙다.

원고 쓰기를 포기하고 무심천에 나오기를 참 잘했다는 생각을 했다.

"여러분! 무심천 미평천 아래로 새끼 오리 구경 오세요!"

4부

새 학기가 되면

매년 삼월이 오면 가슴이 설렌다. 새 학기가 시작되기 때문이다. 올해는 또 어떤 녀석들을 만나게 될까, 하는 기대감에 가슴이 두근거리기까지 한다. 이 대학 저 대학을 전전하며 시간강사를 다닌 지도 벌써 이십 년이 넘었다. 처음 강의 제의가 들어온 것은 모 대학 문예창작과였다. 그 당시 석·박사 학위도 없었던 내게 대학 출강 의뢰가 들어온 것은 순전히 그동안 소설을 써온 경력 때문이었다. 그렇게 시작한 것이 어느새 시간이 그렇게 흘렀다. 그동안 세상이 변화한 만큼 대학도 참으로 많이 바뀌었다. 그래도 변함없이 매년 똑같이 되풀이되는 것은 녀석들을 만나기 전의 설렘이다.

그런 나의 설렘은 개강 첫날 강의실 문을 열고 들어서면 일시에 사라지고 만다. 그리고 쐐하게 기운이 빠져나감을 온몸으로 느낀다. 해가 갈수록 그런 강의실 분위기는 깊어지고 있다. 젊은 녀석들이 도통 활기가 없다. 무엇을 물어봐도 반응이 없다. 무엇인가 해보려는 의욕도 보이지 않는다. 녀석들이 이렇게 된 것은 여러 요인들이 있겠지만 주된 것은 사회적 통념 때문이다.

내가 출강하는 대학의 학생들은 대부분 학교에서나 가정에서나 소외된 녀석들이다. 단도직입적으로 말하면 대학수학능력시험 점수가 하층위에 속한 학생들이다. 대학 입학이 어려웠던 예전 같으면 대학 문턱도 넘지 못했을 그런 녀석들이다. 그러다 보니 어려서부터 '공부 못하는 놈!'으로 낙인찍혀 칭찬받기보다는 질타에 주눅 들어 매사 자신감이 없다. 더욱 문제가 되는 것은, 그런 편견이 이젠 화석처럼 굳어져 자신들이 받는 부당함에 대해 전혀 분노도 보이지 않고 그저 무감각하게 받아들일 뿐이다. 왜냐하면 아주 오랫동안 반복적으로 지속된 비난에 판단 능력을 거세당했기 때문이다. 이런 녀석들에게 가장 시급한 것은 무엇일까. 어떻게 하면 젊은이다운 생동감을 찾게 할 수 있을까? 어떻게 하면 녀석들 가슴속에 꿈과 희망을 심어줄 수 있을까? 매 학기가 시작될 때마다 그것이 고민되었다.

수년 전 타도에 있는 어느 대학교에서 강의 요청이 왔다. 학생들 글쓰기 지도를 해달라는 것이었다. 처음에는 거절했다. 시일이 촉박하게 학교에서 연락이 오기도 했지만 글쓰기의 범주가 워낙 넓기 때문이었다. 학생들이나 어른들이나 문장 하나 제대로 부려 쓰지 못하는 요즘 시대에 정해진 장르가 있는 것도 아니고 종합선물상자처럼 통틀어 글쓰기라니, 할 수 없는 일이었다. 더구나 한 학기 동안에 그 많은 양을 소화해 내기는 불가능했다. 그럭저럭 시간이나 때우고 강의료나 챙기는 일이라면 하고 싶지 않았다. 학생들 역시 겉핥기식 억지 수업을 들으며 학점이나 챙기려 한다면 애초에 거절하는 것이 서로에게 좋을 일이었다.

그런데 그다음에 이어진 학과장의 말에 공감해 출강하기로 마음을 바꾸었다. 그 학교는 공과 계통에서도 건설 쪽에만 국한된 특수한 대학교였다. 일반 학생들이 지원할 수 있는 학교는 아니고 회사의 직원 중 고졸 출신들이 다닐 수 있는 사내 대학교였다. 학과장의 말은 "학생들이 딱딱한 전공만 하다 보니 도통 응용력이 없다. 이젠 건설도 생각이 부드러워야 한다. 경직되어 있는 학생들의 생각을 유연하게 해 달라."는 요지의 말이었다. 그리고 학교에서 보내준 자료를 살펴보니 완전히 다른 세계였다. 배우는 학과목을 봐도 문과 출신인 나는 무엇을 하는 공부인지 도통 알 수가 없었다. 선생과 학생들 사이가 이렇게 먼데 뭘 해야 할지 선뜻 감이 오지 않았다. 글을 쓰겠다고 문과를 지망한 한생들조차 글을 쓰라고 하면 한숨부터 짓는 것이 요즘 실태였다. 하물며 특수한 공대 학생들에게 글쓰기는 '백 리 뛰는 말에게 천 리를 뛰라'고 하는 것보다 무리한 일이었다.

며칠을 고심한 끝에 나는 글쓰기 강의를 포기하고 읽기부터 훈련을 시켜야겠다고 결정했다. 강의 교재도 선택하지 않았다. 그리고 학생들의 흥미를 유발할 수 있도록 이들의 일과 관련된 사건을 소재로 한 소설 작품을 발췌해 목록을 작성하였다. 학생들이 싫어하는 리포트 제출은 없지만, 대신 학기가 끝날 때까지 팀을 짜든 개인이 하든 한 사람이 한 작품은 반드시 발표하고 토론에 임해야 한다고 공포했다. 글쓰기 시간이지만 글을 쓰지 않아도 되고, 학기말에 반드시 제출해야 할 보고서도 쓸 필요가 없다고 하자 학생들은 환호성을 질렀다. 개중에 학점에 민감한 학생들은 평가 방법에 의문을 제기하기도 했지만 그리 문제 될 것은 없었다.

강의가 시작되면서부터 나는 학생들과 거리를 두고 떨어져 있었다. 대신 매주 학생들이 선택한 작품에 대해 자문해 주고, 그들이 준비해 온 발표와 토론을 듣기만 했다. 훈련이 되지 않은 학생들의 발표와 토론이 마음에 들 리 없었다. 그럴 때마다 답답해 관여하고 싶었지만 그래도 꾹꾹 눌러 참았다. 가능한 한 내 생각은 배제하고 학생들의 자유로운 의견을 경청했다. 그러고는 학생들이 발표한 내용 중 정말 아니라고 판단되는 부분만 십 분 정도 내 의견을 피력했다. 처음에는 선생 없는 수업 진행에 당황해 우왕좌왕하던 학생들도 시간이 지날수록 토론도 자유분방해지고 재미있어 했다. 학교의 주인공이 학생이어야 하듯이 강의시간 역시 학생이 중심되어 이끌어나가는 것이 바람직했다.

학교나 학과목에 따라 강의 방식이 차이는 있었지만 그럼에도 불구하고 나는 다른 학교에도 이 방법을 사용해 보았다. 결과는 대만족이었다. 강의시간은 물론 학기가 끝나도록 뒷줄에 앉아 입 한 번 떼지 않던 녀석들도 어쩔 수 없이 앞에 나와 발표를 해야만 했다. 존재감도 없던 녀석들이 토론을 하며 자신의 생각을 주장했다. 그렇게 강의가 진행되며 무기력하던 녀석들 얼굴에서 생동감이 나타나기 시작했다. 주저주저하며 인사도 제대로 못하던 녀석들이 복도에서 만나면 큰소리로 자신감 넘치게 인사를 했다. 선생으로서 나는 학생들의 자신감 넘치는 모습이 가장 반가웠다. 공부는 그다음이었다.

농부가 욕심이 많아도 농사를 망친다. 선생 역시 학생들 상황은 살피지 않고 자신만의 강의를 한다면 학생을 방치하는 것이다. 모든 부모들이 자신들의 자식을 천리마로만 키우려고 하지만 그 욕심이 외려 자식을 십 리도 뛰지 못하는 무녀리(짐승의 한 태(胎)에서 나온 여러 마리의 새끼 중에 맨 먼저 나온 놈)로 만들 수 있다. 천 리를 뛰는 말은 행복하고 백 리를 뛰는 말은 불행하다는 생각은 기성세대들의 아주 그릇된 고정관념일 뿐이다. 세상에는 천리마도 필요하고 백리마도 필요하다. 불행한 천리마보다는 행복한 백리마가 더 필요한 때이다.

매번 새 학기가 되면 어떻게 하면 백 리를 뛰면서도 주체적으로 살아가는 학생들을 조련할까 기다려진다.

죽음에 이르는 병

상가(喪家)에서 조 선생을 만났다. 요즘은 큰일 집을 가도 마땅히 앉아 이야기할 곳이 없다. 사람이 살면서 수없이 대소사를 치르지만 그중에서도 제일 큰일은 혼사(婚事)와 상사(喪事)가 아닌가 한다.

그런데 결혼식은 이미 오래전에 축의금 내고 밥 먹는 식당으로 전락했다. 매머드로 지어진 거대한 예식장에다 동시에 일천 명은 족히 들어갈 만한 너른 식당에는 그날 혼사를 치르는 모든 집안의 하객들이 한데 뒤섞여 북새통이다. 그러다 보니 모처럼 만에 만난 일가친척들조차 근황을 물으며 정담을 나누기는커녕 당장 음식 먹을 자리조차 잡지 못해 접시를 들고 헤매야 한다. 서로 덕담을 나누고 축하를 하는 자리가 아니라 부조금을 받고 그 대가로 밥 한 끼 해결하는 장소로 전락하고 말았다.

예전에는 혼사가 생기면 마을 전체가 잔칫집이었다. 그런 날은 집집마다 아끼던 물건들을 모두 내오고 모든 마을 사람들이 달려들어 손님을 치러냈다. 어느 집에 상이 생겨도 그것은 마찬가지였다. 하나에서 열까지 모든 것이 궁핍했던 어려운 시절이었지만 모두들 힘을 보태 큰일을 넘겼다. 세상은 발전하고 살기 편해졌다는데 뭐가 좋아졌다는 것인지 모호하다. 그래도 상가는 아직 예전의 풍습이 조금은 남아있어 유족과 지인들을 만나 이런저런 이야기를 나눌 수 있으니 그나마 위안이 된다.

그곳에서 만난 조 선생은 작은 면 소재지 중학교에서 학생들을 가르치고 있다. 얼마 전, 조 선생과 제자들의 감동적인 이야기가 텔레비전에 방영되었다. 나는 사인부터 한 장 해달라며 너스레를 떨었다. 우리는 자연스럽게 방송 이야기부터 시작했다. 조 선생이 교직에 발을 디뎠던 초기, 담임을 맡았던 학생들과 졸업식 날 약속을 했었단다.

"앞으로 이십 년 후 광복절 날, 우리 이 자리에서 다시 만나자!"

그리고 어느새 이십 년이 흘러갔단다. 까까머리 녀석들은 삼십 대 중반의 나이가 되었고, 선생 역시 그만큼의 세월을 먹었다. 그런데도 제자들을 만나니 기분은 예전과 똑같더란다. 이십 년 전 추억이 어린 교실에서 간단한 행사를 마친 후 선생의 시골집으로 자리를 옮겨 텃밭에 심은 감자와 옥수수를 꺾어 쪄 먹으며 이런저런 정담을 나누며 하루를 보냈단다.

그런데 그날 모인 이십여 명의 제자 중 절반 이상이 결혼을 하지 않았더란다. 서른 중반이면 남자도 여자도 결혼 적령기를 훨씬 넘긴 나이였다. 그 나이까지 결혼하지 못한 갖가지 사연들이 있었지만 대체로 경제적인 문제가 큰 원인이더라는 것이었다. 결혼은 하고 싶지만 경제적 여건이 허락되지 않아 차일피일 미루다 보니 그렇게 되었다며 한결같이 제자들은 자신들의 미래가 불투명하다고 하더란다.

요즘 이 땅에 살고 있는 젊은이들이 가장 안쓰럽다. 그들은 기성세대가 겪어왔던 시절보다 훨씬 더 암울한 어둠 속에 빠져있다. 현재 젊은이들이 겪고 있는 가장 시급하고 절실한 문제는 취업이다. 독립을 하려면 경제적 자립이 무엇보다 중요한데 취업이 만만찮다. 기업에서 뽑는 신입사원은 소수이고 그마저 해마다 줄어들고 있다. 그러다 보니 졸업을 하고도 취업 준비를 위해 몇 년씩 부모 그늘을 벗어나지 못하고 있다. 그나마 집에서 도와줄 여력이 있는 젊은이는 나은 편이다. 집안 형편이 좋지 않아 학자금 대출을 받았거나 자신이 가족들 생계를 책임져야 하는 젊은이는 취업 준비는커녕 당장 다달이 청구되는 은행 이자와 생활비를 벌어야 한다. 한창 미래를 설계하고 희망에 차 있어야 할 젊은이들이 취업과 생활고에 발목 잡혀 옴짝달싹도 못하고 있다. 설사 인턴을 거쳐 경력을 쌓고 운 좋게 취업하고 결혼했다 하더라도 내 집 마련을 하려면 그건 지금까지 거쳐 왔던 암울한 터널보다 더 힘든 난관을 헤쳐 나가야 한다. 요즘 젊은이들이 "그러려면 차라리 혼자 살겠다."고 하는 까닭이다.

이처럼 불안한 현실에서 결혼은 사치일 뿐이다. 당장 자신의 몸뚱이 하나 건사하기 힘든 현실 속에서 결혼은 꿈같은 이야기다. 우리 기성세대들 역시 녹록하지 않은 길을 거쳐 왔지만 그 시절보다 젊은이들이 겪어내고 있는 지금의 현실이 훨씬 더 어려워 보인다. 아니, 어려움을 넘어 고통스러워 보인다. 희망이라도 보이면 고통도 견뎌내겠지만 꿈을 꿀 수 없으니 고통은 배가되어 젊은이들을 절망에 빠뜨리고 있다. 한껏 꿈에 부풀어있어야 할 젊은이들이 꿈도 펼치기 전에 현실에 발목을 잡혀 체념하거나 절망하는 것을 보면 안타까움을 넘어 분노가 치민다. 요즘 젊은이들이 겪고 있는 고통과 절망은 그들 잘못만이 아니다. 이는 일정 부분 우리 기성세대가 만들어놓은 사회

구조적인 모순에서 기인된 것이기 때문이다.

절망은 죽음에 이르는 병이라고 키르케고르는 말했다. 한국의 미래인 젊은이들이 주눅이 들어 펴기도 전에 시들어가고 있다. 희망이 없는 삶은 살아도 죽은 것이나 마찬가지다. 더구나 젊은이에게 꿈이 없다면 그 사회의 미래도 없다. 이 땅의 젊은이들이 꿈과 희망을 품고 활기차게 살아갈 수 있도록 우리 사회 모든 구성원들이 디딤돌이라도 놓아야 하지 않을까?

나이가 많다고 다 어른이 아니다

"친구가 여친과 헤어졌대요."

주말이 되어 집에 왔던 아들이 친구를 만난다고 나갔다 들어오더니 하는 말이었다.

"왜?"

"여친 집안이 안 좋다고요"

"친구 부모님은 뭐 하시는데?"

"두 분 다 선생님이세요."

재미로 보던 드라마에서의 사건이 이젠 주변에서도 심심찮게 일어나고 있다. 재벌 아들과 평범한 집안 딸의 만남, 권문세도가의 딸과 평범한 집안의 아들, 아니면 그 처지가 서로 바뀐 청춘 남녀가 재벌이나 권문세도가의 부모 반대로 갈등을 겪으며 벌어지는 그렇고 그런 이야기다. 드라마 특성상 상투적이고 과장된 부분이 있기는 하지만 일정 부분 우리 사회의 병폐를 담고 있는 것도 사실이다. 문제는 그것이 잘못된 일이라고 생각한다면 줄어들어야 할 터인데 점점 늘어나 어느새 우리 사회 구석구석까지 뿌리내리고 있다는 점이다. 결혼 조건으로 사람의 됨됨이보다 조건, 한마디로 말하면 그 집안의 재산 정도를 척도 기준으로 삼는 세태가 만연하고 있다는 것이다. 우시장에 가서 '이 소는 얼마짜리, 저 소는 얼마짜리' 하고 고르는 것이나 무슨 차이가 있는가. 자식이 소처럼 가격이 매겨져 팔려나가기를 바라시는가?

참으로 값싸고 천박하다. 돈이면 뭐든지 할 수 있다고 생각하는 물질주의가 우리 사회를 상스럽게 만들어가고 있다. 돈이라면 염치도 팽개치고 뻔뻔해지는 사람들을 양산해 내고 있다. 이런 사람들은 알량한 재산을 가지고 약자들에게 무소불위처럼 군림하다가도 더 큰 부자를 만나면 조금의 주저함도 없이 코를 땅에 박고 머리를 조아린다. 이런 사람들에게는 돈이 상전이고 곧 신이다. 그래서 돈만 모을 수 있다면 품격 따위는 안중에도 없다. 그저 돈만 벌 수 있다면 원수도 친구로 삼는다. 그렇게 돈을 좀 모으고 나면 자신은 다른 사람과 다른 특별한 존재가 되었다고 맹신한다. 그래서 타자들에게 횡포를 부린다.

현재 우리 사회에는 그런 비열한 선민의식이 만연하고 있다. 어제오늘의 일이 아니다. 문제는 그런 천민자본주의나 그릇된 선민의식이 우리 아이들에게까지 깊숙하게 침투하여 영향을 미치고 있다는 점이다. 아이들은 언제까지나 아이들이 아니다. 그 아이들은 머지않아 우리 사회를 이끌어갈 주축이다. 그런 아이들이 기성세대들에게서 무엇을 배우며 자라겠는가. 벌써부터 하는 짓이 어른들 판박이다.

초등학교 때부터 아파트 평수를 내세워 친구를 가려 사귀고, 어른들 세계 빰치는 청소년들의 잔인한 학교폭력 문제, 성인이 되어 일으키는 흉포한 사건들이 어느 날 갑자기 벌어졌다고 생각하는가. 이 세상에 일어나는 일들 중에서 우연히 일어나는 것은 없다. 거기에는 반드시 인과관계가 있다. 뿌리지도 않았는데 돋아나는 새싹은 없다. 누군가가 뿌린 결과물이다. 그 누군가는 어른들이다.

우리 사회의 이런 병폐가 당신들의 잘못된 가르침에서 발생했다고 생각하지는 않는가. 나이가 많다고 다 어른이 아니다. 돈이 많다고 다 부자가 아니다. 명예나 직위가 높다고 완전한 인격체라고 할 수 없다. 어른이 어른답게 행동하지 못하면 그건 어른이라도 어른이 아니다. 어떻게 선생이 그럴 수 있는가. 선생이라고 그래선 안 된다는 말이 아니다. 사람이라면, 어른이라면 누구라도 그래선 안 된다는 말이다. 더구나 선생은 한창 자라나는 아이들에게 꿈을 심어주고 바른길로 갈 수 있도록 인도해 주는 등대 같은 존재이다. 그런 선생이 어떻게 사람을 층위로 구분하여 꿈을 꺾고 가슴에 상처를 줄 수 있는가. 아들의 여자 친구였던 젊은 여성이 평생 가슴앓이를 하며 살아갈 생각을 조금이라도 했다면 그렇게 할 수 있었을까. 만약 그런 생각을 했으면서도 내 자식만 잘되면 그만이란 생각으로 그 같은 잔인한 짓을 했다면 어른이 아니다. 그저 천박한 자본주의를 구성하는 하나의 요소에 불과할 뿐이다.

우리 사회의 온갖 문제가 거기에서부터 발아한다. 그렇게 싹튼 병폐는 학습된 것에 머물지 않고 끊임없이 발달한다. 결국 그 폐해는 자신에게 돌아온다. 벌써부터 우리 주변에서는 비정상적인 병폐가 곳곳에서 나타나고 있다. 어른들의 그릇된 신념을 먹고 자라난 아이들이 이제는 성인으로 자라나 더욱 진화한 형태로 우리 사회 주축으로 포진하고 있다. '돈이 곧 신'이라는 물질만능주의는 더욱 고착되었고, 한술 더 떠 내가 월급을 주는 사장이니 직원을 기계처럼 제 마음대로 부려도 괜찮다며 한 치의 주저함도 없이 횡포를 부리고 있다. 더욱더 우리 사회를 위험하게 만드는 것은 돈으로 갑질을 떨면서도 그것이 왜 잘못됐는지를 모른다는 사실이다. 자신이 잘못을 저지르고도 잘못을 모르니 더 큰 문제다. 그러니 자신에게 무참하게 당한 상대방에 대한 미안함은 조금도 없이 '땅콩'이니 '복수'니 하는 말을 서슴없이 내뱉는 것이다. 잘못을 하고도 잘못한 것을 모르는 것은 지독한 정신병이다.

그건 백치다. 아다다가 백치가 아니라 똥인지 된장인지 구분도 못하고 복수를 운운하는 모 그룹의 따님이 백치다. 생각이 올바르지 않으면 그게 백치지 뭐 별거겠는가. 어른들이 백치다. 현재 대한민국의 부모들이 우리 아이들을 백치로 만들고 있다고 생각하지는 않는가.

개도 먹지 않는 밥

구불식여(狗不食餘).

요즘 며칠째 이 말을 곱씹고 있다.

며칠 전, 절친하게 지내던 어떤 분을 만나 담소를 나누다 논쟁이 붙었다. 좀처럼 없던 일이었다. 언제부턴가 논쟁도 싫고 토론도 귀찮았다. 내 생각만 옳고 상대방 생각이 틀리다고 생각했던 한때는 싸움도 참 많이 했다. 내 생각이 무조건 옳다고 생각하니 상대방 말이 귀에 들어올 리 만무했다. 그래서 토론으로 시작했던 것이 논쟁으로 비화하며 즐거웠던 판이 깨지기 일쑤였다. 그러나 세월이 흐를수록 상대방 생각이 틀린 것이 아니라 나와 다를 수도 있다고 생각을 바꾸며 나의 무모함에 부끄러운 마음이 들었다. 더구나 모든 것은 변한다. 따라서 세상에 변하지 않는 것은 없다는 사실을 인식하면서부터는 더더욱 내 주장을 고집하는 일이 줄어들었다.

그런데 그날은 달랐다. 그날도 여느 날처럼 일상사로 시작해 경계를 자유롭게 넘나들며 잡담을 나누던 중이었다. 그러던 중 위의 사자성어가 나왔고, 뜻풀이를 하다 그분이 "요즘 세상에 정의로운 사람이 어디 있냐?"며 비웃었다. 세상이 모두 썩었는데 정의로움을 논하는 것조차 무의미하다는 것이었다. 그날따라 그 말이 내 귀에는 너무나 거슬렸다. 그래서 곧바로 논쟁에 빠져들었다. 나는 세상이 다 썩었으니 그냥저냥 휩쓸리며 그럭저럭 살자는 얘기냐, 세상이 다 썩었으니 같이 썩은 것처럼 살아도 된다는 이야기냐며 반문했다. 만약 그분이 평소에도 그런 소신으로 살던 분이었다면 그러려니 하고 넘어갔을 것이었다, 그러나 그분은 누구 못지않게 분별력을 가지고 옳고 그름을 논하던 분이셨다. 그래서 내 귀에 더 거슬렸는지 모른다. 그래서 마구 논쟁을 벌였다. 그분도 서운했을 것이고, 나도 그날 이후 내내 서운했다. 그러나 후회가 되지는 않았다. 그렇게 두루뭉술하게 변하며 늙어가고 싶지는 않기 때문이었다.

문득, 광주 5·18묘역에 계시는 도시산업선교회 정진동 목사님이 떠오른다. 평생을 노동자, 농민, 억울한 사람들 입장에 서서 그들의 하소연을 들어주며 사셨던 분이다. 언제였던가. 아마도 친일 환쟁이 김가가 우리 고장에 자신의 기념관을 짓겠다고 하여 성안길에서 일주일 내내 일만 명 시민들의 서명을 받던 때로 기억한다. 그날도 서명을 끝내고 저녁노을을 바라보며 사직동 고갯길을 오르고 있었다. 끝날 것 같지 않았던 엄혹한 군사독재정부도 사라지고 그렇게도 갈망하던 새 정부가 들어섰지만 눈에 띄게 달라지는 것은 없었다. 오히려 보수우익들은 더욱 득세하고 친일 환쟁이까지 충절이 깃든 이곳에 기념관을 짓겠다며 망둥이 뛰듯 했다. 옳고 그른 것이 함께 뒤범벅이 되었다. 하나에서 열까지 세상 돌아가는 꼬락서니가 싫었다. 당장이라도 하늘에서 불벼락을 쳐 꼴 보기 싫은 것들을 일시에 쓸어버렸으면 하고 증오를 퍼붓던 때였다.

"목사님! 세상이 온통 다 썩었는데, 어째 망하지 않는 건가요?"

나는 세상 꼴이 정말 답답해서 함께 사라져도 좋겠다는 심정으로 물었다.

"사방에서 똥 냄새가 진동하는데 사람들은 어째서 이 더러운 세상이 망하지 않느냐고 묻지요. 그러나 똥통 같은 세상 속에서도 어디에선가 맑은 물을 흘려보내는 사람들이 있으니 세상이 유지되는 것 아니겠어요?"

내 의문에 대한 목사님의 답이었다.

목사님의 말씀을 듣는 순간 나는 번개를 맞은 듯 전율을 느꼈다. 나는 똥을 뿌려 세상을 혼탁하게 만드는 사람일까, 아니면 맑은 물을 뿌려 세상의 더러움을 희석시키는 존재일까. 세상에서 나만 홀로 청정하고 나만 홀로 꼿꼿하다고 자만하며 세상을 저주하던 생각에 금이 가기 시작했다. 그리고 부끄러웠다. 그날 이후 세상과 사람들을 원망하기보다는 어떻게 하면 사는 동안 사람들에게 조금이라도 보탬이 될 수 있을까를 고민하게 되었다.

그러다 어느 순간 또 초심을 깜빡한 것일까. 상대방 이야기를 경청하지 않고 내 고집만 부리며 논쟁을 하고 말았다. 그분과의 논쟁은 나로 하여금 다시금 스스로를 돌아보는 계기가 되었다.

구불식여(狗不食餘).

"불의의 사람이 먹다 남은 밥은 개도 먹지 않는다."

사람으로서 마땅히 지켜야 할 도리를 지키지 않거나 행하여야 할 바른길을 가지 않은 사람이 남긴 밥은 개조차 먹지 않는다. 다시 말하면 부정한 짓을 하면 개만도 못하다는 이야기다. 섬뜩하다. 혹여 나 역시 개도 먹지 않는 밥을 먹고 있는 것은 아닐까? 그분을 논박할 정도로 나는 정말 정의롭게 살아가고 있는 걸까? 그러나 한 가지만은 단언한다. 설사 굶어죽는다 하더라도 내 생각이 온전한 이상 절대로 그런 밥을 먹지 않겠다는 것이다. 세상이 다 썩었다고 하지만 어디에선가 맑은 물을 흘려보내는 사람이 있음을 굳게 믿는 까닭이다. 간절하게 그런 사람이 되고 싶기 때문이다.

염치를 아는 사람이 그립다

나라 전체가 어수선하다. '세월호'라는 대형 여객선이 침몰하여 아까운 많은 생명들이 졌다. 어떤 생명인들 아깝지 않은 생명이 있겠는가. 비록 타고난 명을 다하고 세상을 떠났어도 생명은 두고두고 아쉬움이 남는 법이다. 그런데 뜻하지 않은 사고로 돌연히 이승을 떠났을 때의 안타까움은 무엇으로든 표현할 길이 없다. 더구나 한번 펴보기도 전에 져버린 어린 자식을 잃은 부모의 심정은 상상조차 어렵다. 죽어도 뼛속 깊이 사무친 부모의 아픔은 사라지지 않을 것이다. 그런데 이런 유가족을 더욱 고통스럽게 만드는 사람들이 있다.

이번 사고로 여론에서 가장 질타의 대상이 된 사람은 선장이다. 내 배에 승선한 손님을 안전하게 보호하지 못하고 위험에 처하자 자신만 몰래 빠져나왔으니 무슨 할 말이 있겠는가. 어떤 이유로도 변명의 여지는 없다. 선장은 무슨 벌이라도 받아야 한다. 당연하다. 그러나 이런 나의 시각도 이미 사건이 벌어지고 난 다음 관찰자 입장에서 하는 말이다. 내가 만약 선장이었다면 그런 급박한 상황에서 어떻게 행동했을까. "나는 목숨을 던져 승객을 구했을 것이다."라고 자신 있게 말할 자신이 없다. 죽음의 공포 앞에서 초연할 수 있는 사람이 세상에 얼마나 될까? 생명이 위급할 정도의 극한 상황에서 벗어나고 싶은 것은 인간의 본능이다. 이것을 탓할 수는 없다. 다만 우리가 선장을 질타하는 것은 사회 통념상 그가 완수했어야 할 책임을 다하지 못했기 때문이다. 이런 측면에서 그의 본능적인 행위에 대해 인간적인 동정의 여지는 있다.

그러나 선장보다 더 나쁜 사람들이 있다. 선장은 자신의 목숨을 보존하기 위해 선장으로서 마땅히 지켜야 할 본분을 다하지 않은 행위를 저질렀지만, 세월호 사건 이후 유족을 위로한다며 현장을 찾아온 저명인사들의 행태를 보면 실로 가관이다. 세상에서는 이런 사람들을 '파렴치한'이라 부른다. 이보다 더 혹독한 말이 있다면 그런 말을 해도 전혀 문제 되지 않을 그런 자들이다. 이들은 가족을 잃은 유가족들의 아픔은 안중에도 없이 이번 사건을 이용해 자신들의 존재감을 내세우려는 사회 지도급 인사들이다.

국회의원이라는 한 모는 구태한 '색깔론'을 내세워 정쟁의 재물로 삼고, 권 모는 실종자 가족도 아니면서 실종자 가족들을 부추겨 사회적 혼란을 조장하고 있다며 '실종자 선동꾼'이라는 글을 누리소통망(SNS)에 올려 문제의 핵심을 외면하고, 정 모의 아들은 '미개한 국민'을 운운하다 누리꾼들의 철퇴를 맞고 아버지가 대신 사과를 했다. 이뿐만이 아니다. 이번 사건의 소관 부처인 안 모 국장은 현장 파견근무를 나왔다 돌아가는 중에 기념사진을 찍겠다며 유족들에게 자리를 피해 달랬다 하고, 서 모 장관은 식음을 전폐하고 쓰러져 있는 유가족이 있는 체육관에서 컵라면을 먹는 등 우리 사회 인사들의 분별없는 행동이 도를 넘고 있다. 이들의 그릇된 행태가 파렴치한과 뭐가 다른가?

도대체 이들의 속내가 의심스럽다. 또 이런 이들이 이번 사건을 제대로 파헤쳐 문제점을 찾아내겠다는 의지가 있는지도 궁금하다. 이들이 유가족들의 아픔을 조금이라도 함께 느낀다면 그렇게 거침없이 파렴치한 패악을 저지르지는 않을 것이었다. 그들이 진정 국민의 심부름꾼이고 충복인지 묻고 싶다. 이들의 행태를 보면 선거 때만 뇌까리는 입빠른 구호로밖에 보이지 않는다. 국민을 쉬이여기는 까닭이다. 개가 주인을 무는 것은 개가 주인을 우습게 보기 때문이다. 그러면 개를 잡아 없애야 한다.

한 집안의 가장이 잘못하면 그 집만의 고통으로 끝난다. 그러나 공인의 위치에 있는 사람들이 잘못된 생각을 가지고 있으면 그 폐해는 사회 전체로 퍼진다. 그리고 그 피해는 모든 사람들에게 끼친다. 공인의 모든 말과 행동은 다수를 위한 것이어야 한다. 일신상의 영달만을 위해 타자를 기회와 수단으로 삼아 자신의 목적을 이루려는 사람은 공인이 되어서는 안 된다. 아쉽게도 우리 주변에는 그런 공인들이 너무나도 넘친다. 그들의 뇌리 속에 위민(爲民)이라는 생각이 먼지만큼이라도 남아있기는 한 걸까? 위민은 바라지도 않는다. 잘못된 짓을 했으면 그것에 대해 부끄러워하는 모습이라도 보였으면 좋겠다. 그것이 공인이기 전에 인간으로서의 도리가 아닐까. 우리나라 공인들 의식구조가 이러하다면 십 년이 가도 백 년이 지나도 대한민국은 비전이 없다. 모쪼록 아픈 사람들에게 위로가 되어주고 염치를 아는 그런 공인을 만나고 싶다.

양상군자님들도 기본은 지킵시다

여름 초부터 근 두 달을 충북의 종갓집을 찾아다녔다. 답사는 충북의 북부지역인 단양·제천지역부터 시작되었다. 그렇잖아도 수십 년 만에 닥친 가뭄으로 충주댐 수위가 하한선 밑으로 떨어졌다 해서 상류인 이 지역을 한번 다녀올 참이었다. 농부들은 가물어 애가 타는데 무슨 철없는 소리냐고 핀잔을 듣더라도 장마가 지기 전, 꼭 한번 다녀오려고 마음먹고 있었다. 예전 물길과 수몰된 마을들 흔적을 보고 싶어서였다.

살미를 지나면서부터 연일 떠들어대는 언론 보도가 지나친 과장만은 아니라는 사실을 눈으로 확인할 수 있었다. 허연 속살을 드러낸 수몰선은 산 중턱에 올라붙었고, 바다 같던 호수는 물이 빠져 초원으로 변해 있었다. 가뭄은 강 상류로 올라가면서 더욱 심했다. 옛 집터가, 다리가, 신작로가 드러나 고향으로 가던 옛 기억을 떠오르게 했다.

날은 뜨겁고 가물어도 밭에서는 사람들이 일을 하고 있었다. 그 모습을 차창 밖으로 바라보고 있노라니 왠지 엉덩이가 따가웠다. 노동도 하지 않으면서 내가 먹는 밥과 반찬이 땡볕 아래 비 오듯 땀을 흘리며 일하는 저들 덕분이란 생각이 들자 죄스러운 생각이 들었다. 그러나 어찌하랴. 한 번도 무엇을 생산해 남에게 먹여본 적 없는 내가 할 수 있는 일이란 고작 그런 마음으로 죄책감을 조금 줄여보는 것뿐이었다.

미리 연락해두었던 댐 인근의 수암 권상하 선생 종가를 찾아갔다. 수암 선생은 우암 송시열의 적통 제자로 조선 중기의 유학자이다. 집에는 여든의 노(老) 종부가 홀로 집을 지키고 있었다. 연로하셨지만 그 모습에서 400년 가까이 내려오는 유학자 집안의 기품을 느낄 수 있었다. 준비해 간 내용을 여쭈며 녹취를 마친 다음 종부의 안내를 받아 수암이 생전에 기거하던 한수재와 영정을 모셔둔 수암사로 올라갔다. 자료집에 필요한 유물을 촬영하기 위해서였다.

문제가 생긴 것은 그다음이었다. 이곳저곳을 둘러보며 필요한 사진을 촬영하고 있는데 갑자기 등 뒤에서 웬 낯선 사내가 나타났다. 누구냐고 묻는 내게 사내는 고물을 수집하러 다니는데 사당 문이 열려 있어 들어왔단다. 사내는 계속해서 내 뒤를 따라다니며 이것저것 물어보았다. 여든의 노 종부가 몹시 불안해하셨다. 그때부터 나도 사내에게 신경이 쓰여 촬영은 뒷전이 되어 버렸다. 나는 종부께 죄스러운 마음이 들었다. 내가 찾아오지 않았더라면, 또 수암사 대문을 안에서 걸고 그 안을 둘러보았다면 저런 수상한 사람이 들어오지 못했을 텐데……. 그러나 이미 때늦은 후회였다.

여러 해 동안 우리 지역을 답사하며 귀동냥으로 들은 황당한 이야기들이 숱하다. 언제부터인가 도둑놈들의 도둑질이 도를 넘고 있다. 도둑질을 하는 도둑에게 한계를 운운한다는 것이 일견 모순이란 생각이 들기도 하지만 아무리 도둑이라 해도 인간으로서 하지 말아야 할 최소한의 도리는 있어야 하지 않을까.

몇 년 전 어느 시골에서 벌어진 일이다. 요즘 시골에 가면 한 집 건너 빈집이고, 사람이 있어도 집에는 연세 지긋한 노인들뿐이다. 이런 형편이니 도둑이 내 집에 들어와도 내쫓을 힘이 없고 도둑이라고 소리쳐도 달려와 도와줄 이웃이 없다. 그러다 보니 밤손님은 옛말이 되었고 대낮에도 도둑이 버젓이 활개를 치고 다닌단다. 어느 날 노부부만 사는 외딴 집에 마른 고추를 사겠다며 장사꾼이 왔단다. 고추 장수는 노부부와 흥정을 하며 집안 곳곳을 살피더니 갑자기 도둑으로 돌변했다. 도둑은 겁에 질려 소리도 지르지 못하는 노부부에게 재갈을 물리고 손발을 묶고도 모자라 자루 속에 넣고 주둥이를 묶어 창고에 가두고 고추 가마를 몽땅 실어갔다고 한다. 이건 도둑이 아니라 도둑놈이다. 도둑도 사람이다. 도둑도 사람이라면 최소한 지켜야 할 도리는 지키며 도둑질을 해야 하지 않을까? 반항도 못하는 힘없는 노인들에게 그런 무참한 짓을 한 도둑놈은 도둑놈도 아니다. 그런 행위는 인간임을 포기한 것이다. 인간 망종이다.

요즘 도둑님들은 상상을 불허한다. 이 일은 몇 해 전 내가 직접 겪었던 일이다. 모 연구소로부터 조선 초기 어떤 유학자에 대한 원고를 의뢰받았다. 그분에 대한 원고는 전에도 쓴 적이 있어 자료를 보강해 탈고를 했다. 그리고 묘역 사진이 필요했지만 첫째로는 현장까지 가는 것이 귀찮고, 둘째는 오백 년이나 된 묘소인데 새로 촬영해야 그 사진이 그 사진이지 하는 생각으로 가지고 있던 자료를 그냥 보냈다. 그런데 책이 출판되고 난 후 그쪽 문중으로부터 연락이 왔다. 몇 년 전 묘역에 도둑이 들어 석물을 몽땅 도둑맞아 지금은 새로 조성했다는 이야기였다. 설마 도둑님이 남의 조상 석물까지 훔쳐 갈 것이라고는 상상조차 하지 않은 나의 불찰이었다.

굶주리고 굶주리다 더는 견딜 수 없어 남의 집 담을 넘는 양상군자 같은 생계형 도둑은 호랑이 담뱃대 털 적의 미담이다. 요즘 도둑은 도둑이 아니라 날강도다. 농사꾼들이 몇 년씩 피땀 흘려 가꿔놓은 약초나 농작물을 밭에서 통째 뽑아가고, 가을에 거둬들여 쌓아놓은 일 년 농산물을 대문에 차를 세워놓고 몽땅 실어가기도 한다. 그뿐인가. 집에서 쓰는 오래된 돌절구, 다듬이, 항아리, 사발은 물론 뭐라도 돈이 될 만하다 싶으면 몽당 숟가락까지 싹쓸이를 해간단다. 하기야 남의 조상 묘를 파고 묏자리에 있는 석물까지 장비를 들이밀어 훔쳐 가는 세상이니 더 말해 무엇 할까? 아무리 도둑질을 해도 도둑도 최소한의 도의는 지켰으면 좋겠다. 상도의처럼 도둑도의를.

수암사를 돌아보고 경내로 나오니 사내가 끌고 온 것으로 보이는 트럭이 앞마당에 서 있었다. 어느 동네를 돌며 수거했는지 사내의 트럭에는 온갖 고물들이 잔뜩 실려 있었다.

"그러니까 수암사에 있던 모든 유물들은 모조품이고 진품은 이미 오래전에 박물관 수장고로 옮기셨단 말씀이지요?"

나는 사내가 들으라고 일부러 큰소리로 노 종부를 향해 소리쳤다. 그래도 사내는 경내 주변을 여기저기 기웃거리며 어슬렁거렸다. 불안해하는 노 종부만 두고 나만 수암사를 떠날 수는 없었다.

"덕산 파출소지요? 김 경감님, 답사 끝났습니다. 예, 곧바로 오셔서 확인할 테니 기다리라고요?"

사내가 들으라는 듯 내가 과장된 몸짓을 하며 큰소리로 전화 통화를 했다. 그제야 사내는 서둘러 트럭에 올라타더니 수암사를 떠났다. 물론 가짜 통화였다.

한가위 달을 보며

국회의원님들, 도의원님들, 시의원님들, 군의원님들께서도 명절 잘 보내셨습니까? 송편도, 과일도 잡숫고, 성묘도 다녀오셨는지요. 반가운 가족과 일가친척을 만나 푸근한 명절을 보내셨는지요. 혹시 산적해 있는 나랏일 걱정으로 마음 불편한 명절을 보내시지는 않았는지요.

저도 잘 지냈습니다. 송편도 먹고, 과일도 먹고, 조상님 성묘도 다녀왔습니다. 무엇보다도 반가웠던 것은 그동안 먹고 사느라 바빠 만나지 못했던 가족들과 일가친척들의 얼굴을 모처럼 만에 본 것이었습니다.

저는 추석 연휴 내내 배부르고 등 따시니 뒹굴뒹굴 태평성대가 별거나 싶었습니다. 그런데 어느 순간 뭔가 찜찜해지며 "이래도 되나?" 하는 기분이 불현듯 들었습니다. 제 한 몸도 건사 못하는 놈이 오지랖 떤다고 냉소 지을지도 모르겠지만 들떴던 마음이 가라앉으니 주변이 떠올랐습니다.

의원님, 이번 추석에 만난 사람들이 별다른 이야기는 하지 않던가요? 혹시 의원님 앞에서는 모두들 듣기 좋은 달콤한 이야기만 늘어놓지는 않던가요? 그러나 제 주변에서 들려오는 이야기는 대부분 힘겹다는 이야기들이었습니다.

지금 서민들은 살기가 팍팍하다며 아우성입니다. 모두들 하루하루 사는 것이 살얼음판을 걷는 듯하답니다. 직장인들은 경기가 좋지 않아 상여금은커녕 월급 받는 것조차 눈치가 보인다고 합니다. 장사하는 사람들은 인건비는커녕 다달이 내야 하는 가게 세도 빌린 돈으로 겨우 해결하고 있답니다. 그나마 빌릴 수 있는 능력이라도 있는 사람들은 다행입니다. 당장 먹고사는 일에 쫓겨 세금이나 공과금조차도 밀린 주민들이 허다합니다. 물가는 다락같이 오르고 다들 먹고살기 힘들어 죽겠다고 비명들입니다.

추석을 앞둔 며칠 전, 저녁 뉴스를 보다 부아가 치밀었습니다. 하기야 한두 번 겪는 일이 아니라 새삼스러울 것도 없었는데, 그래도 이번에는 의원님들께 화가 났습니다. 고시원에는 취업을 하지 못해 고향에도 가지 못하는 젊은이들이 넘치고, 명절에 떡값이라도 마련하기 위해 체불된 임금을 받으려고 공사장 크레인 위에 올라가 농성 중인 근로자, 한 끼 식사로 쓰는 돈도 아끼기 위해 햇반과 김 한 봉지로 끼니를 때우는 청년들, 일자리가 없어 소득이 끊겨 당장 생계를 위협받고 있는 일용직들이 전국에 수십만 명이라고 합니다. 이들에게는 집안 대소사나 명절이 두렵기만 합니다.

의원님들, 이들이 보이지 않습니까? 이들에게 하실 말씀은 없으십니까? 이번 추석에 이들에 대해 한마디라도 위로의 말을 하며 어루만져 준 의원님이 단 한 명이라도 있습니까? 서민들은 이렇게 힘들어하는데 의원님들께서 이들의 형편을 살펴주지 않는다면 어떻게 살란 말입니까. 민심을 살피기 위해 국민들 속으로 들어간다던 의원님들은 서민들의 다급한 현장에서는 볼 수 없었습니다. 그러면서도 소리 소문도 없이 추석 상여금으로 수백만 원씩 수령해갔다는 뉴스를 들었습니다. 월급도 받아 갔답니다. 이런 의원님들이 진정 국민의 친구라 할 수 있겠습니까? 참으로 코가 막히고 귀가 막히는 일입니다.

얼마 전 전직 국회의원이었던 분과 점심을 먹고 자리를 옮겨 대청호가 내다보이는 찻집에서 차를 마시며 잡담을 나눴습니다. 그분이 국회의원 시절 동료 국회의원과의 사이에 있었던 일화를 들려주었습니다. 온갖 편법으로 재물을 축적하려는 재벌들 제재하기 위해 법안을 발의하던 중 "부자들은 돈도 그렇게 많은데 뭘 더 벌려고 욕심을 부리는지 모르겠다."는 말에, 동료 의원은 "그건 없는 자들의 푸념"이라고 하더랍니다. 재벌도 국민의 일원이기는 하지만 그런 국회의원이 누구 편에 서있는지를 명확하게 보여주는 한마디가 아닌가 합니다. 진정한 국회의원으로서 자신의 직분을 충실하게 수행하려면 힘없고 좀 더 보살핌이 필요한 약한 국민들 편에 있어야 하지 않겠습니까?

가족들과 생활하기 위해, 살아야 하기에 일한 정당한 대가를 달라는 서민들을 보호하기 위해 만들려는 법안에 대해 '없는 자들의 푸념'이라고 생각하는 의원이 있으니 아직도 우리 국민들은 한참 더 착취를 당해야 할 것 같습니다. 그런 사고를 가진 의원이니 상여금과 월급을 아무 생각 없이 받아 가고, 명절이 되어도 임금을 받지 못해 고향에도 가지 못하는 근로자들의 다급한 사정을 헤아리기란 불가능할 것 같습니다. 서민의 사정이라고는 관심도 없는 그런 의원이 임금을 체불하거나 떼어먹는 사업주를 처벌할 법을 왜 만들어야 하는지 안중에나 있겠습니까?

의원님들, 죄송합니다. 추석 명절에 하도 잘 먹어 배부르고 등 따시니 무지몽매한 서생이 제 분수도 모르고 왈왈거렸나 봅니다. 나랏일로 공사다망한 의원님들 심기를 불편하게 해 드린 점 사죄합니다. 두둥실~ 휘영청~ 남산만 한 한가위 달을 보며 모두들 풍요롭고 평안했으면 하고 빌어봅니다.

아사(雅士)라는 말을 받고

며칠 전 우편으로 소설책을 한 권 받았다. 장편 역사소설이었다. 책을 보내신 분은 여든도 넘은 원로작가셨다. 책을 보기 전 먼저 전화부터 드렸다. 여전히 곧고 강직한 목소리가 전화기 너머에서 들려왔다. 젊은이들도 힘든 긴 글을 쓰시느라 힘겨웠을 모습을 떠올리며 치사의 말씀부터 드렸다. 원로작가께서는 소설을 쓰느라 삼 년이 걸렸다며 이젠 마지막 작품이 될 것 같다는 말씀을 하셨다. 어르신의 목소리를 들으며 불현듯 가슴 한편이 휑해지는 느낌을 받았다. 요즘 연세 드신 어르신들께 제일 많이 듣는 말씀이 '이젠 마지막'이다. 갓 스물이 되던 해 처음 뵌 이후 지금까지 든든한 바람벽을 해주셨던 분이다.

통화를 끝내고 보내주신 책 표지를 넘기다 나는 무척 부끄러웠다. '아사(雅士)'라는 낱말 때문이었다. 면지(面紙)에 서명을 하시고 내 이름 끝에 쓴 두 자가 나를 부끄럽게 만들었다. 내가 과연 그 말을 들을 자격이 있을까 하는 자격지심에서였다. 선비도 과분한 지경에 '맑고 깨끗한 선비'라니 넘치고 넘치는 극찬이셨다. 선비라는 말은 참 많은 뜻을 지니고 있다. 학식은 높으나 벼슬을 하지 않은 사람, 학문을 닦는 사람, 행동과 예절이 바른 사람, 의리와 원칙을 지키고 관직과 재물을 탐내지 않는 인품을 지닌 사람 등 이 외에도 많은 뜻을 지니고 있다.

나는 이 중에 어디에 속할까? 육십이 넘도록 살아오면서 티끌만큼이라도 선비 같은 행동을 해본 적이 있는가. 실천하는 행동까지는 바라지 않더라도 생각이라도 제대로 깊이 해본 적이 있었는가. 없다. 그래서 아사라는 말을 받고 너무나 부끄러웠다.

이 나이가 되도록 이제껏 글만 써왔지만 변변한 글 한 줄이 없다. 스스로 마음에 들지 않으니 남에게 조금의 울림도 줄 수 없었음은 분명하다. 깊은 사고 없이 혼자만의 무명에 빠진 결과이다. 순수한 본심으로 시작하지 못하고 세속의 욕심으로 시작한 탓이다. 다른 사람을 생각하지 않고 자신만의 마음으로 글을 썼기 때문이다. 글을 써서 사람들을 위로하겠다는 마음보다 일신상의 명성이나 부를 얻겠다는 사사로운 마음이 앞섰기 때문이다. 시작이 불경스러웠으니 결과가 좋을 리 만무하다. 그런 사람은 선비가 될 수 없다. 더더구나 아사는 꿈도 꿀 수 없다. 그런데 아사라니. 부끄러울 뿐이었다.

어르신의 책에 쓰인 아사라는 두 글자가 나 자신을 돌아보게 했다. 앞으로의 삶의 방향에 대해서도 다시 생각해 보는 계기가 되었다. 그리고 내 생애를 마감하는 날 세상은 나를 어떤 사람으로 평가할까도 궁금해졌다. 아사까지는 바랄 수도 없지만 선비라는 소리만 들어도 좋겠다. 그러려면 남은 삶이라도 어떻게 살면 세상 사람들에게 덜 부끄러운 삶을 살게 되는 것일까. 선비가 살아가면서 지켜야 할 덕목이 많지만 한 가지만이라도 제대로 지키며 남은 생을 살아간다면 이제껏 잘못 살아온 시간에 대해 부끄러움을 상쇄하는 길이 되지는 않을까?

그렇다면 앞으로 어떻게 살아야 할까. 또 나는 어떤 선비가 되고 싶은가. 무엇보다도 나는 의리와 원칙을 지키는 사람이 되고 싶다. 나보다 남을 먼저 배려하고 나보다 약한 사람 위에 군림하지 않는 사람, 남의 기쁨을 진정 축하해 주고 남의 고통을 측은하게 생각하는 사람, 비록 내게 손해가 됨을 알면서도 상대방을 공격하지 않는 사람, 나를 속이는 상대방을 질타하지 않고 그가 깨칠 때까지 참고 기다려줄 줄 아는 의리와 도리를 지키는 그런 사람, 산더미 같은 보화를 준다고 해도 내가 일해 받는 정당한 대가가 아니라면 조금의 갈등도 없이 거절할 줄 아는 원칙을 지키는 그런 사람이 되고 싶다. 이렇게 남은 시간을 산다면 선비라는 말을 듣고도 부끄러움을 조금은 덜 수 있는 사람이 될 수 있을까?

원로작가 어르신의 '아사'라는 말씀이 많은 것을 생각하게 만든 며칠이었다. 그러나 그런 말씀으로 나태해지는 마음을 경계시키시는 어르신들도 점점 뵙기 어려워지고 있다. 세태가 그렇다. 이제 앞으로 그런 말을 해줄 어르신들이 얼마나 세상에 남아 계실까. 참으로 허허로워져 가는 세상이다.

인간답게 산다는 것이

지난 토요일 광화문에 다녀왔다.

대통령을 끌어내리기 위해서가 아니었다. 대통령이 불쌍해서였다. 한 인간으로서 사람들에게 그런 대우를 받는 대통령이 안타까웠다. 환갑도 넘은 연세에 어르신으로 존경을 받기는커녕 동네 똥개 부르듯 이름이 불리고, 온갖 비아냥거림을 들으면서도 '쇠귀에 경 읽기'인 불통 대통령이 인간적으로 측은했다. 더 이상 욕을 당할 것도 없을 정도로 국민들에게 봉변을 당하면서도 자리에 연연해하는 대통령을 보며 연민마저 일었다. 그래서 인간으로서 더 이상 곤욕을 당하지 말고 민심에 따라 스스로 결단을 내렸으면 하는 바람을 안고 서울로 올라갔다.

아무리 대통령 자리가 꽃방석이라 해도 인간의 존엄성과는 비교 대상이 될 수 없다. 인간으로서 대접을 받지 못한다면 아무리 귀한 칠보방석 자리라도 똥 바닥만 못하다. 똥 바닥에 앉아 있어도 사람들로부터 신망을 받는다면 그 자리가 꽃방석이요 칠보방석이다. 그럼에도 불구하고 국민의 뜻을 귓등으로 흘리며 다 쓰러진 집을 끌어안고 있는 대통령은 일말의 자존심도 남아 있지 않은 것일까. 인간이 자존심을 잃으면 죽은 목숨이나 다름없다. 굶어죽을지언정 던져진 음식은 먹지 않는 것이 인간으로서 지켜야 할 최소한의 자존심이다.

예전 선비들은 그렇게 무참한 일을 당하면 조용히 자리를 물러 나와 은거하거나 스스로 목숨을 끊어 자존심을 지켰다. 뭇 백성들조차도 잘못을 저질러 마을 사람들에게 멍석말이나 조리돌림을 당하면 고향땅을 떠나 평생 객지를 떠돌다 생을 마감했다. 부끄러워서였다. 사람들에게 사람대접을 받지 못하면 죽은 목숨이나 마찬가지라고 생각했다. 사람들로부터 질타를 당하고 버림받는 것은 최악의 부끄러운 일이었고 그것은 죽은 목숨이나 다름없다고 여겼기 때문이다.

얼마 전 환갑도 넘기지 못하고 선배가 세상을 떠났다. 그야말로 산골 고랑탱이에서 흙수저로 태어나 어떤 기업의 최고경영자까지 오른 자수성가한 사람이다. 모르는 사람들은 그 선배의 겉모양만 보고 부러워하겠지만 누구 한 사람 도와주는 이도 없이 맨바닥에서 그 자리에 오르기까지 얼마나 발버둥을 쳤겠는가. 그래서 생긴 병인지 몇 해 전 간암 수술을 받았는데 올해 다시 재발했고 시한부 판정을 받았단다. 문제는 그다음이었다. 병이 나 며칠만 식사를 걸러도 힘을 쓸 수 없는데, 큰 수술 후에 재발하고 시한부 판정까지 받았으니 기력이 있을 리 없었다. 어느 날 화장실을 가려다 힘에 부쳐 침대에 누운 채 간병인 앞에서 실례를 하고 말았다. 인간으로서 지켜야 할 최소한의 자존심인 치부를 남에게 보인 그날부터 선배는 곡기를 일체 끊고 보름만에 숨을 거뒀다. 이 세상에서 가장 귀중한 것은 생명이다. 생명의 절대적 가치는 새삼 거론할 필요도 없다. 그러니 어떤 경우에라도 지키고 보존해야 한다.

하지만 가장 기본적인 생리현상도 스스로 해결하지 못한다면 그것은 인간의 삶을 사는 것이 아니라 단지 연명에 불과할 뿐이라고 선배는 생각했을 것이다. 이것이 인간 스스로 존귀함을 지킬 수 있는 자존심이다. 한낱 범부도 이러할진대 한 나라의 대통령이라는 사람이 자신이 약속했던 말조차 손바닥 뒤집듯 어기며 국민들의 비웃음을 받고 있다. 비웃음을 넘어 능욕을 당하고 있다. 그래서 고속버스를 타고 서울로 올라갔다.

광장에는 수많은 국민들이 모여 있었다. 그리고 이전과는 전혀 다른 모습으로 자신들의 요구를 주창하고 있었다. 예전처럼 최루탄이 난무하고 쫓고 쫓기는 그런 전쟁판 같은 살벌한 분위기가 아니라 마치 축제를 즐기러 온 사람들처럼 평화로웠다. 모두들 한목소리로 대통령의 자진 사퇴를 종용하고 있었다. 코흘리개 아이들조차 혀 짧은 소리로 "박근혜 퇴진!"을 웅얼거리고 있었다. 어른으로서 아이들 보기가 부끄러웠다. 그런데도 일국의 대통령이란 사람은 상황 파악을 못하고 자리에 연연하고 있었다. 그렇다면 지독한 바보이거나 부끄러움을 모르는 '무치'임이 분명하다.

박근혜 대통령을 보며 제왕무치라는 떠올랐다. 봉건시대 왕들은 온갖 지저분하고 도리에 어긋난 짓을 저지르고도 왕이니까 괜찮다고 합리화시켰다. 그리고 백성들을 어리석은 종으로 단정해 생각도 없는 짐승처럼 대했다. 혹여 대통령은 자신을 왕이라고 생각하고 있는 것은 아닐까. 그렇다면 그런 왕들의 말로가 어떠했는지를 떠올려봐야 할 것이다. 더 늦기 전에 인간답게 사는 길이 어떤 길인지 올바른 선택을 했으면 하는 바람이다. 찬바람 부는 광장에 서서, 참으로 오랜 세월 두 부녀가 우리 국민들 가슴을 아프게 만들고 있다는 생각을 했다.

주민문학교실을 다녀와서

우리 동네에는 '653예술상회'가 있다. 예술 문화의 사회적 역할과 지역 문화 활성화를 표방한 예술인 공동체다. 그리고 사업의 일환으로 '퍼블릭 에어(Public Air; Artist In Residency) 프로그램을 운영하며 예술을 매개로 지역주민들과의 소통을 시도하는 사업이었다.

얼마 전 이곳에서 열리고 있는 '주민문학교실 작품전'에 다녀왔다. 내가 사직동에 살아온 지 40년이 되었지만, 우리 동네에서 주민들이 중심이 되어 문학작품전이 열린 것은 이번이 처음인 것 같다. 평소 예술은 치열해야 한다고 생각해 오던 나는 그런 모임들을 그리 탐탁하게 여기지 않고 있었다. 모여서 잡담하고 몰려다니며 차나 마시고 때 되면 식당으로 몰려가는 그런 목적 희박한 모임이라면 그야말로 문학을 빙자한 유희일 뿐이었다. 별 기대 없이 전시장으로 들어섰다.

전시장 입구에는 전시를 알리는 현수막은커녕 그 흔한 꽃 한 송이 보이지 않았다. 전시장 안은 더 기가 막혔다. 제대로 된 액자 한 점이 없었다. 모든 작품들은 직접 만든 것들이었다. 조악하고 가난한 작품전이었다. 전시장 입구부터 화환이 꼬리를 물고 늘어서 있고, 작품보다 액자가 비싸 보이는 화려한 전시장, 무슨 회갑연이라도 벌어진 듯 한복을 차려입은 회원들이 전시장 안을 휘젓고 다니는 그런 전시장이 아니었다. 그건 작품전이 아니라 꼴불견이다. '주민문학교실 작품전'은 그런 작품전과는 전혀 달랐다.

평소 나는 예술은 기교보다 작가정신이 더 중요하다고 생각해 왔다. 정신이 배제된 기교는 허깨비요 유희에 불과하다. 걸려있는 주민들의 글을 찬찬히 읽었다. 작품의 완성도라고 하기에는 미약했지만 그 안에는 그들 삶의 진솔한 속내가 고스란히 녹아있었다. 누구에게나 감추고 싶은 치부는 있는 법이다. 이율배반적이긴 하지만 그러면서도 인간은 그것을 배설해야만 마음의 병을 치유하고 비로소 평안을 얻을 수 있다. 그래서 자신의 치부를 섣부른 잔재주로 교묘하게 포장하려다 오히려 딜레마에 빠지고 글은 점점 더 수렁으로 빠지는 경우를 수없이 보아왔다.

그런데 전시장에 걸린 주민들의 글에서는 전혀 잔재주가 보이지 않았다. 비록 거칠기는 했지만 자신들의 심경을 물 흐르듯 솔직하게 표현하고 있었다. 비록 전문예술가처럼 꾸밀 줄은 모르지만 자신들의 진솔함을 가감 없이 표출했기에 타자에게 말하려는 의도가 확연하게 전달되고 있었다. 기교가 절대 정신을 넘지 못한다는 반증이었다.

우리 동네 주민들의 글을 보며 나는 두 가지 큰 배움을 받았다.

첫 번째는 문학이 특별한 사람들만의 전유물이 아니라는 것이었다. 많은 예술가들이 예술을 자신들만의 전유물로 생각하는 중심에는 기교적인 측면을 강조하는 경우가 많다. 하지만 글이 본질적인 면보다 기교에 치우치면 작자 자신은 물론 독자에게도 감동을 줄 수 없다. 거칠지만 주민들이 쓴 작품에서 짜르르한 감동을 받은 것은 그

속에 진솔함이 담겨 있기 때문이었다. 정말로 좋은 글은 기교보다 정신이 우선되어야 한다는 것을 새삼 느끼게 해주는 계기였다.

두 번째는 문학이 주민들의 생활에 큰 변화를 주고 있다는 사실이었다. 평생 서점 한 번 가보지 않았던 주민이 시를 배우기 시작하면서 서점에 가서 셰익스피어 책을 샀다며 환하게 웃었다. 비록 가난한 전시회였지만 벽에 걸린 자신들의 작품을 보며 뿌듯해했다. 그 얼굴들이 진정으로 행복해 보였다. 세상에 무엇을 주면 사람들이 저렇게 행복해질 수 있겠는가. 한 사람이라도 행복하게 만들 수 있다면 문학이 더 이상 무얼 바라겠는가.

그리고 무엇보다도 반가웠던 것은 주민들의 변화된 모습이었다. 그동안 우리 동네는 낙후된 환경으로 소외되어 왔다. 더 큰 문제는 주민들까지도 스스로 자신들을 주변인으로 인식하며 살아왔다는 것이다. 주민 스스로 주체적인 생각을 가지지 않으면 어떤 변화도 기대할 수 없다. 여기에 작은 불씨가 되어준 것이 653상회이고, 퍼블릭에어 사업이다. 주민들의 생각을 바꾸고 마음의 눈을 뜨게 해준 것이 퍼블릭 에어의 '주민문학교실'이다. '퍼블릭 에어' 사업은 주민과 예술가가 만나면 주민들이, 지역이 어떻게 달라질 수 있는지를 보여주는 좋은 선례가 되었다고 생각한다.

홍명희문학제를 다녀와서

괴산에 다녀왔다. 이전 같으면 여기에 한마디가 더 붙었을 것이다. "괴산에서 열린 홍명희문학제에 다녀왔다."라고. 그러나 몇 년 전부터 괴산에서는 홍명희문학제가 열리지 않는다. 아니 열리지 않는 것이 아니라 열지 못하고 있다. 표면적으로는 괴산군민들의 반대 때문이라고 하지만 몇몇 단체들의 반대 때문이다.

벽초 홍명희는 우리 고장 괴산에서 태어난 독립운동가이며, 정치가이다. 동시에 우리 문학사에 있어 독보적인 역사소설 『임꺽정(林巨正)』을 쓴 소설가이기도 하다. 그의 아버지 홍범식은 금산 군수로 있던 중 1910년 경술국치로 나라를 잃자 스스로 목숨을 끊어 조선에서 제일 먼저 순국한 분이다. 부자가 일제에 항거한 독립운동가이자 민족주의자이다. 벽초는 선친의 유지를 이어받아 중국 상해에서 독립운동가들과 함께 강탈당한 나라를 찾기 위해 동분서주하다 1919년 삼일운동이 일어나자 고향인 괴산에서 충북 최초로 만세운동을 벌이다 옥고를 치르기도 하였다. 이후 민족교육기관인 오산학교 교장을 역임하고, 항일단체인 신간회를 결성하여 일제의 식민정책에 항거하였다. 이 무렵 벽초는 한국문학사의 준령인 『임꺽정』을 십여 년에 걸쳐 집필했다. 이런 홍명희가 고향인 괴산에서 배척당하는 것은 해방정국과 한국전쟁 전후 북한에서의 전력 때문이다. 홍명희는 1948년 백범 김구 등과 함께 우리 민족의 온전한 통일을 논의하기 위해 평양에서 열린 남북연석회의에 참석했다가 남한으로 돌아오지 않았고 가족들도 모두 월북했다. 그리고 1950년 북한 정권의 부수상으로 재임하던 중 민족상잔의 한국전쟁이 벌어졌다. 이런 이유로 벽초 홍명희는 빨갱이로 낙인찍혀 그의 항일운동이나 문학적 업적에도 불구하고 한국문학사에서 사라졌고, 월북 문인들이 해금되었던 1988년에도 작품만 독자들 곁으로 돌아왔다.

그러고도 수년이 흐른 1996년 가을, 청주예술의전당 공연장에서 〈제1회 벽초 홍명희 문학제〉가 열렸다. 또 이 해는 예술의 전당 광장에 단재 신채호 선생의 동상이 건립되기도 하였다. 단재 동상은 1992년 충북역사실천협의회에서 전국적인 모금활동을 벌여 첫 벽초 문학제가 열린 같은 해에 건립되었다. 참으로 뜻깊은 해였다. 그리고 올해까지 홍명희문학제는 스물여섯 해를 맞았다. 그동안 홍명희문학제는 우여곡절도 많았고 지금도 파행을 겪고 있다. 북한에서의 벽초 행적을 빌미로 괴산군 보훈단체들의 반대가 극심하기 때문이다.

아침 일찍 전세버스를 타고 괴산 홍명희 생가 마당에 당도하니, "홍명희는 북한 김일성에 충성한 6·25의 전범자다"라고 쓰인 현수막이 먼저 눈에 들어왔다. 그리고 현수막 아래에는 괴산군 상의군경회, 미망인회, 유족회 소속 회원들이 찬바람을 맞고 서있었다. 한국전쟁으로 인해 그분들이 겪은 고통을 모르는 것이 아니다. 또 전쟁을 일으킨 북한 권력의 중심에 홍명희가 있었음도 부인하지 않는다. 이 땅에 살고 있는 사람이라면 한국전쟁의 비참함을 모를 사람은 없다.

전쟁의 와중에 부모형제와 남편을 잃고 평생 가슴에 맺힌 피멍을 품고 살아야 했던 유족들의 고통을 당사자가 아니면 어찌 짐작인들 할 수 있겠는가? 그러니 전쟁을 일으킨 북한에서 부수상을 지낸 홍명희가 그들에게는 죽어도 잊지 못할 철천지원수임이 분명하다.

그러나 이제는 그만 용서하고 받아주기를 간절하게 바란다. 그리고 이제는 서로 화해할 때가 되지 않았을까 생각한다. 한국전쟁이 중단된 지 칠십 년이 되었다. 그동안 세상도 참 많이 바뀌었다. 우리의 대통령들이 북한을 방문했고, 또 어떤 대통령은 중국의 전승절에 참석하여 인민해방군의 군사 퍼레이드까지 참관했다. 이런 시대에 무슨 케케묵은 이념 대립이란 말인가. 언제까지 서로 반목하며 살 것인가. 남북 화해 이전에 남한의 우리 민중이 먼저, 우리 동네 사람들부터 먼저 화해하고 하나가 되어야 한다. 조상 대대로 한 고향에 살아온 사람들이 한국전쟁 여파로 아직도 서로 질시하며 배척하고 있는 마을이 우리나라 곳곳에 산재해 있다. 그동안 우리는 너무나 오랫동안 이데올로기 망령 속에 갇혀 살아왔다. 그리고 서로들에게 너무나 많은 상처를 입혀왔다. 이제는 하루라도 빨리 이념의 망령을 떨쳐버리고 민족통일의 새 시대를 준비해야 한다.

충북작가회의에서 시작했고, 스물여섯 해 동안 수많은 우여곡절을 겪으면서도 포기하지 않고 매년 개최를 이어온 것은 홍명희문학제가 우리 민족이 하나 되고, 남북이 통일로 가는 길에 노둣돌이 되고자 함이다. 그동안 삼십 년 가까운 동안 괴산과 청주를 오가며 문학제를 개최하여 다채로운 행사를 해왔다. 군 단위에서는 좀처럼 보기 드문 다채로운 공연이 어우러진 문화행사였다. 대부분 문학제가 행사와 관련된 소수의 사람들만 모여 실내에서 진행되었지만, 홍명희

문학제는 지역주민들이 함께 어우러져 거리에서도 펼쳐진 그야말로 동네잔치였다. 그리고 우리 지역뿐 아니라 타지역에서도 많은 사람들이 참석했다. 올해는 멀리 부산에서도, 또 전라도 부안에서도 일반 시민들이 새벽부터 자신들의 승용차를 이용해 홍명희 문학제에 참석했다. 『태백산맥』을 지은 조정래 작가와 박재동 화백도 참석했다. 홍명희라는 작가가 있기 때문에 가능한 일이었다. 강원도 봉평은 궁벽한 산골 면 소재지임에도 이효석의 『메밀꽃 필 무렵』이라는 단편 하나로 일 년 내내 관광객들이 끊이지 않을 정도로 명소가 되었다. 문학은 만리향처럼 그런 것이다.

그런데 몇 년 전부터 홍명희문학제가 파행을 겪고 있다. 김영삼·김대중·노무현·이명박 정부 때도 홍명희 문학제는 열려왔다. 그러나 박근혜 정부가 들어선 이후 지금까지 작가의 고향인 괴산에서 열리지 못하고 있다. 그래서 청주와 파주를 오가며 열고 있다. 괴산의 보수단체에서 전범인 홍명희 이름을 건 어떤 행사도 괴산에서는 열 수 없다며 반대하고 있기 때문이다. 어떻게 하든 그들과 타협점을 찾아보기 위해 만남도 가졌지만 워낙에 완강한지라 아무런 성과가 없었다. 그러던 중 괴산의 모 문학단체에서 홍명희문학제를 임꺽정문학제로 명칭을 바꿔 개최하려는 웃지 못할 해프닝이 일어났었다. 당연히 충북작가회의에서는 공식 서한을 통해 불가 의사를 분명히 했다. 진정으로 북한에서 홍명희의 전력이 문제되고, 자신들의 소신이 그토록 투철하다면 임꺽정문학제도 결사반대를 했어야 옳을 일이었다. 임꺽정은 되고 홍명희는 절대 안 된다는 논리라면 너무 억지스럽다. 우리의 시각에서는 그들의 고집이 시대착오적인 망집이라 생각할 수밖에 없는 이유이다.

낙엽제

아침부터 맘이 들떴다. 하기야 마음이 들뜬 것뿐 아니라 손에 일이 잡히지 않는 것은 벌써 지난주부터였다. 처음 있는 일도 아닌데, 낙엽제를 하는 날은 마음부터 들뜬다.

낙엽제!

낙엽제는 청주대학교 창작문학회 출신 선후배들이 모이는 문학행사이다. 매년 늦가을에 개최하는 낙엽제가 어느새 사십 년이 넘었다. 1978년 칠팔문학회가 창립되고 이듬해인 1979년부터 시작했으니 정확하게 말하면 사십삼 년 된 행사다. 창작문학회의 명칭은 78년에 창립했다 하여 칠팔문학회로 출발하여 창작그룹으로, 다시 창작문학회로 이름을 바꾸며 오늘에 이르렀다. 또 본래는 재학생들이 주축이 되었던 행사이지만, 해가 거듭되며 졸업생들까지 함께 모이는 행사가 되었었다. 그런데 대학에서 문학회가 사라지며 창작문학회 역시 신입회원이 들어오지 않아 재학생들의 명맥이 끊겼다. 그래서 이미 여러 해 전부터 졸업생들만 모여 행사를 이어가고 있다.

1970년대 끝자락, 우리가 처음 문학회를 시작하였던 때는 스무 살 안팎의 혈기 끓어넘치던 청년들이었다. 그랬던 청년들이 이제는 장년에서 환갑을 넘긴 나이가 되었다. 그래도 만나면 예전처럼 즐겁기만 하다. 그동안 일백사십여 명의 문학회 출신 중 절반이 넘는 팔십여 명이 신춘문예나 월간지 신인상 등 각종 공모에 당선되어 시인이나 작가로 등단했다. 하기야 당시를 돌이켜보면 글재주 뛰어난 친구들이 많았다. 고등학교 때부터 이름난 백일장을 돌며 시재(詩才)를 뽐내고, 대학 재학 중에 전국적인 문학상을 수상하여 이미 등단을 마친 수재도 꽤나 있었다. 이들 중에는 괴짜들도 참 많았다. 지금에 와서 생각해 보면 괴짜라고 하기 보다는 악동이었다. 성인이니 악당이라고 해야 옳을까. 아무튼 이들의 해괴한 짓거리를 생각하면 지금도 얼굴이 화끈거리며 무안해진다.

지금이야 경제 발전으로 잘 사는 나라가 되어 학교 시설이 좋아졌지만, 그때만 해도 대학에 강의실이 부족해 여러 학과가 함께 모여 강의를 듣기도 하였다. 그런 형편이니 학교에서 단체마다 각각의 동아리방(당시는 서클이라 불렀음)을 마련해 줄 수가 없는 형편이었다. 우리 문학회는 대학에 복음을 전하는 한국대학생선교회(CCC)와 함께 사용하게 되었다. CCC 회원들은 참 착했다. 만약 지상에 천사가 있다면 그들이 곧 천사였다. 그들은 매일 아침저녁으로 회원들이 옹기종기 모여앉아 기도를 했다. 좁은 공간을 공동으로 사용하는 처지니 서로 필요할 때는 양보해야 했지만 우리는 그들이 기도할 때 자리를 피해 주기는커녕 마구 담배를 피워대며 너구리 소굴로 만들고, 일부러 큰소리로 음담패설을 하며 훼방을 놓았다. 그래도 싫은 내색은커녕 언제나 우리에게 "샬롬! 형제님!" 하며 웃는 얼굴로 인사했다.

어느 날 아침 등굣길에 동아리방에 들렀더니 입학 동기인 법과 조모가 CCC 순장과 논쟁을 벌이고 있었다. 그것은 논쟁이 아니었다. 조는 지난밤에 먹은 술이 덜 깬 것인지 식전부터 먹은 술에 취한 것인지 게걸거리며 순장에게 시비를 걸고 있었다.

"하나님은 나쁜 새끼여! 그깟 복숭아 좀 따먹었다고 빤스까지 벗겨 알몸으로 내쫓아?"

기도를 올리고 있던 CCC 회원들에게 조가 하나님 욕을 했다. 그래도 순장은 화를 내기는커녕 차근차근 성서 이야기를 하며 조를 설득하려 했다. 하지만 소용없는 일이었다. 이미 남의 속을 뒤집어놓으려고 작정한 놈에게 논리가 통할 리 만무했다. 순장은 거듭해서 설명을 했지만 조는 계속해서 비아냥거렸다. "나쁜 새끼!"는 여사고, "인정사정도 없는 놈!"이니, "야박한 놈!"이니 하며 하나님에게 욕지거리를 날렸다. 그러더니 마침내 넘지 말아야 할 선을 넘고 말았다.

"남의 집 처녀를 건드렸으면 남자 새끼가 책임을 져야지, 동정녀는 뭔 동정녀여. 파렴치한 놈!"

조가 하나님을 파렴치범으로 몰아붙이며 시시덕거렸다.

"사탄들!"

마침내 순장이 더 이상 참지 못하고 우리에게 저주를 했다. 그러고는 회원들을 이끌고 동아리방을 나가버렸다. 그날 이후 다시는 동아리방에서 CCC 회원들의 '샬롬!'이라는 다정한 인사말을 들을 수 없었다. 대신 CCC 자매형제들이 매일 아침 동아리방 앞 축축한 잔디밭에서 기도하는 모습을 볼 수 있었다. 아마 우리가 죽어 지옥에 가게 된다면 그것은 하나님의 애제자인 착한 양들을 거친 벌판으로 내쫓은 조의 덕분이리라.

순장의 말처럼 우리 문학회는 사탄들의 소굴이었다. 명칭만 문학회일 뿐이지 문학회가 아니었다. 문학토론을 한다고 모여앉아 문학과는 관련도 없어 보이는 사회문제를 가지고 논쟁을 벌이다 의견 충돌이 일어나면 욕설이 난무하고 재떨이가 날아다니기 일쑤였다. 글을 쓰려면 다양한 경험을 해야 한다며 선배들은 우리를 이상한 술집으로 데려가기도 하고, 어떤 날은 아침부터 술집에 잡아놓고 5·16 쿠데타니 박정희 군부세력이니 유신독재니 하는 말로 하루해를 보냈다. 선배들은 이런 더러운 세상에 술이나 마시지 뭘 하겠냐며 시절 탓을 하곤 했다.

그래도 명색이 문학회니 매년 작품전은 했다. 그런데 작품전을 학교 앞 다방에서 할 때가 많았다. 작품전을 한다는 명분으로 다방을 드나들며 모닝커피를 마시고 다방 아가씨들 분 냄새를 맡으며 얼굴을 감상하고 운이 좋으면 저녁에는 도라지술까지 얻어 마시며 밤늦게까지 그녀들의 이야기를 듣곤 했다. 우리 중에는 그것이 인연이 되어 그녀와 만남을 지속하다 나중에 집안의 반대로 울고불고 했던 회원도 있었다. 작품전시회를 마치고 합평회를 하면 반드시 거치는 통과의례가 있었다. 일명 '빳다'라고 하는 몽둥이찜질이었다. 선배들은 작품 수준을 트집 잡았지만, 그것은 '코에 걸면 코걸이, 귀에 걸면 귀걸이'고 순전히 자기들 기분에 의해서였다.

그렇게 한바탕 합평회가 끝나고 나면 그때부터는 광란의 밤이 시작되었다. 후회는 없지만 지금에 와서 생각해 보면 왜 그렇게 죽자사자 술을 마셨는지 모르겠다. 비단 그날만 그랬던 것은 아니지만, 특히 합평회 날은 술에 죽어야만 집으로 배달되었다. 청대에서부터 시작된 술은 방아다리, 성안길 청주우체국을 거쳐 호박집에 다다라서야 끝이 났다. 학교 앞 술집은 우리 아지트였다. 일차가 시작된 솔선집에서 함지박에 철철 넘치는 막걸리로 사발주를 퍼마신 탓에 정신이 오락가락했지만 고난의 대장정은 이제 서막일 뿐이었다. 선배들은 이미 거나해진 우리들을 집합시켜 열을 세우고 솔선집에서 빌린 양동이와 우동그릇을 들려 시내 중심가로 인솔했다. 도보로 이동하며 주변에 보이는 술집마다 들려 더도 말고 딱 한 잔씩의 술을 마시게 했다. 지금이야 복개해 예전 모습은 땅띔도 못할 정도로 변했지만 방아다리(예전에는 일본식 명칭인 오정목으로 불렀다)쯤 오면 '이모집·영자네·연인·여인·수선화·벌꿀·밤안개·가로등…' 등 홍등가가 즐비했다. 집집마다에서 아가씨들이 나와 손뼉을 치며 즐거워했고, 이곳을 지났을 때는 모두들 술에 취해 행렬은 흐트러지고 삼삼오오 어깨동무를 한 채 갈지자걸음을 걸으며 휘청거렸다. 오정목다리를 건너 중앙시장과 중앙극장을 지나면서도 음주 행각은 계속되었다.

드디어 수아사와 쟝글제과가 있었던 성안길(예전에는 본정통으로 불렀음) 입구에 당도하면 본격적인 신참례가 시작되었다. 궁금하지도 않겠지만 우리가 문학회 회원이 되었음을 시민께 알리는 행사였다. 선배들은 어디선가 양동이에 막걸리를 받아왔고 우리는 일렬로 서서 차례가 되면 우동그릇에 잔뜩 따라주는 술을 들이켰다. 그러고는 뒤로 가서 다음 차례를 기다렸다. 각설이 공연을 하는 것도 아닌데 어떤 시민은 돈을 주고 가기도 했다. 계속해서 양동이 술은 공수되고 몇 순배를 돌았는지도 모를 지경이 되면 술에 만취되어 한 명씩 널브러졌다. 그렇게 하나둘 쓰러지기 시작하면 선배들은 후배를 택시에 태워 집까지 직접 배달했다.

이때쯤 되면 거의 대부분 귀가 조처를 당하고 몇몇 남은 후배는 선배들이 다시 호박집으로 데리고 갔다. 호박집은 탑동 호두나무골로 가는 주막거리에 있었는데 당시 청주 시내 유일한 24시 술집이었다. 그곳에 가면 후배들은 거의 대부분 쓰러졌다. 저녁나절부터 자정이 넘도록 추운 거리에서 강술을 퍼마신 데다 갑자기 따뜻한 실내로 들어가니 취기가 몰려왔을 터였다. 게다가 연탄불로 덥혀진 따끈따끈한 온돌 위에 앉으면 순식간에 속에서 역한 냄새가 치솟으며 구토가 일어났고, 그러면 밖으로 뛰쳐나와 호박집 앞 개천에 쭈그리고 앉아 먹은 것을 모두 쏟아냈다. 어떤 친구는 구부리고 토하다 앞으로 고꾸라져 더러운 시궁창에 머리를 박기도 했다.

그렇다고 우리가 탈선적인 행각만 벌이며 대학시절을 허송세월한 것은 아니다. 우리가 대학을 다닐 무렵은 칠십 년대 말이었다. 그때는 박정희 일인 독재의 유신정권이 극에 달할 때였다. 철옹성 같은 독재 정권은 영원할 것만 같았다. 워낙에 견고해 보여 모두들 그의 철권 정치에 대항할 엄두도 내지 못했다. 우리는 현실과 이론 사이에서 혼란스러웠다. 그래서 흔들리지 않게 이론적 밑바탕을 다지기 위해 공부를 했다.

그 답은 도서관과 현장에 있었다. 우리는 닥치는 대로 읽었다. 인문학과 심리학과 논리학을, 사회과학과 역사책을 탐독했다. 책 속에는 그동안 간과하고 지나쳤던 많은 것들이 고스란히 들어 있었다. 나라 건국과 흥망성쇠가 소수 권력자의 의지에 의한 것이 아니라 민심에 달린 것이라는 것을 알았다. 권력자가 국민을 지배하는 것이 아니라 민중이 권력자 위에 군림한다는 사실을 깨달았다. 수많은 민란을 일으켰던 백성이 단순히 배고픔을 면하기 위함이 아니라 권력자의 학정과 제도적 모순을 타파하려는 개혁 의지를 품고 있었다는 것을 새롭게 알 수 있었다.

백척간두의 위태로움에 빠진 나라를 구하기 위해 팔도 의병들이 불같이 일어나고, 도탄에 빠진 백성과 외세의 침탈에 맞서 동학 농민

군들이 봉기를 일으켰을 때, 그동안 이들 위에 군림하며 호의호식하던 지배자들이 어떻게 처신했는지를. 을사늑약 이후 강탈당한 이 땅을 찾기 위해 독립투사들이 국내외에서 목숨 바쳐 투쟁할 때 일신상의 안위를 위해 일제의 앞잡이가 되어 민족을 팔아먹은 반역자들이 있었다는 사실을. 또한 독립투사들이 뿌린 피로 되찾은 조국에서 해방정국 동안 주객이 전도되어 이들 주구가 벌인 파렴치한 반민족적인 행위와 정치인들의 이전투구가 있었고, 정치인들이 구축한 이데올로기에 의해 남북이 분단되고 끝내 발발한 한국전쟁의 와중에서 비참하게 죽어간 수많은 사람들이 책 속에 기록되어 있었다.

우리는 이론만 섭렵한 것이 아니라 현장 활동에도 적극적으로 참여했다. 사회운동가나 종교지도자들이 여는 시국강연이 열리는 곳이면 빠짐없이 찾아다녔다. 그 무렵 참으로 많은 분들의 이야기를 경청했는데, 그때 처음으로 뵌 분들이 함석헌 선생, 강희남 목사님, 정진동 목사님이셨다. 새파란 하늘에 금이 가는 것처럼 쨍쨍한 그 어르신들의 추상같은 말씀을 듣고 있노라면 부끄럽기도 하고 나 자신이 너무나 작아졌다. 그분들은 내가 범접할 수 없는 다른 세상의 분들처럼 느껴졌다. 그분들은 항상 이 세상에서 소외된 힘없는 민중들 편에 계셨다. 특히 정 목사님은 2007년 12월, 돌아가실 때까지 인연을 맺었고 내 삶의 방향을 잡아주신 내 인생의 큰 스승이셨다. 앞으로 내가 살아가는 동안에 그런 넓고 깊은 어른을 다시는 뵐 수 없을 것 같다는 생각이 든다.

그분들의 교화를 받은 우리는 현장에 나가 다양한 분야의 사람들과 만났다. 답사와 취재라는 명목이었지만 현장에 나가면 언제나 그들에게 미안했다. 그들에게는 생존이 걸린 절실한 문제였는데, 관찰

하듯 그들의 생활을 살펴보는 우리는 행위가 유희처럼 느껴졌기 때문이었다. 재래시장에서 장사하는 수많은 상인들, 공장과 공사장에서 일하는 노동자들, 인력시장에 일자리를 구하러 나온 일용직들, 도시 근로자들, 농촌의 농민들, 판자촌 철거민들, 댐 건설로 생겨난 수몰민들이 그들이었다. 현장답사는 우리에게 많은 영향을 주었다. 현장에는 우리가 책에서 볼 수 없었던 온갖 이야기가 녹아 있었다. 우리가 책에서 배웠던 역사가 현장에서 만나는 사람들에게는 삶의 일부분이 되어 남아있기도 하였다. 가까이는 한국전쟁에서부터 일제강점기의 이야기가, 멀리는 동학농민전쟁의 이야기까지도 현장에서 들을 수 있었다. 특히 학교에서 배웠던 한국전쟁과 현장의 상반된 이야기는 내게 큰 충격을 주었다. 그것이 후에 중편소설 「소백산」으로 만들어지기도 했다. 제도권 교육의 추악한 거짓과 이면은 지금까지의 내 삶의 방식에 커다란 균열을 일으켰다. 세상을 새로운 시각으로 보게 되자 이제껏 보이지 않았던 많은 것들이 눈에 들어오기 시작했다. 나에게는 깨도문학의 발아였다.

이런저런 사건들이 일어나며 시국이 어수선했다. 오랜 일인 독재체제는 우리 사회 곳곳을 곪아 터지게 만들고 있었다. 하지만 우리는 유신정권이 그리 쉽게 무너질 것이라고는 상상도 하지 못했다. 숨소리조차 크게 내지 못할 정도로 국민들을 옥죄고 있었기 때문이었다. 나중에야 그것이 말기 증세였음을 알았지만 당시는 꿈에도 생각하지 못했다.

1979년 10월 16일 부마사태가 일어났지만 워낙에 통제가 심했던 시절이라 제대로 보도되지 않았다. 그 무렵 부산을 다녀왔던 스님은 수많은 군중들이 함성을 지르며 거리로 쏟아져 나오고 이를 진압하기 위해 탱크가 출동을 하고 거리 곳곳에서는 연기가 솟아오르며 마치 전쟁터 같았다고 했다. 그러나 이전에도 그랬던 것처럼 이번에도 그냥 넘어갈 것으로 생각했다. 그런데 열흘 뒤 10월 26일 박정희 대통령은 자신의 심복인 김재규 중앙정보부장에 의해 시해되었다. 세상은 곤두박질치기 시작했다. 그동안 억눌렸던 모든 것이 한꺼번에 봇물 터지듯 했다. 그리고 이제는 모두가 그렇게 고대하던 봄이 올 것이라며 기대에 부풀었다. 그러나 그해 말 12·12사태가 일어나며 다시 신군부세력들이 전면에 나타났다. 19년에 가까운 군부독재에 이어 또다시 새로운 군부들의 등장, 그들의 속셈은 분명했다. 전국의 대학생들은 군부의 즉각 퇴진을 요구했다. 그러다 곧 대학은 긴 동계 방학에 들어갔고 뜨거웠던 분위기는 가라앉는 듯했다. 그러나 팔십년 봄, 신학기가 되자 학교는 다시 술렁거리기 시작했고, 학생들의 군부 퇴진 요구는 더욱 거세어졌다. 연일 데모가 벌어졌다.

혼란한 시국은 우리 문학회도 두 부류로 갈라놓았다. 샌님과 투사들이었다. 샌님들은 쭈그리고 앉아 세상 탓만 하고, 투사들은 또다시 기울어져가는 현실을 바로잡겠다며 최루탄 속으로 내달았다. 투사들은 비겁을 논하며 샌님들을 질타하고 이런 시대에 문학이 무슨 소용이냐며 문학 무용론을 강변하기도 했다. 샌님들은 문학이 현실에 민감하기보다는 좀 더 심층적인 내면세계를 탐구해야 하며 정치선동의 도구로 전락해서는 안 된다고 맞서며 현실참여를 반대했다. 그 혼돈의 시절에 교문 밖으로 진출하려는 동료 학생들의 앞길을 막아서며 군부 통치의 필요성을 역설하던 드골의 신봉자 모 선배는 신군부로부터 그 공로(?)를 인정받아 학생 신분으로 정화 위원이 되었으나 이상과 현실 정치의 틈 사이에서 갈등하다 집 뒤 소나무에 목을 매 자살했다. 또 다른 선배와 후배는 폭력 앞에서 미약한 문학을 포기하고 무기력에 빠져 술을 퍼마시다 알코올 중독자가 되었고, 어느 해 겨울 후배는 부랑아처럼 떠돌다 끝내 강가 모래밭에서 동사한 채 발견되었다. 불의를 보고도 그 꼴이 보기 싫다며 도망을 쳤다면 분명 비겁자이다. 소신을 가지고 불의에 동조한 사람보다 불의를 보고도 회피하거나 침묵한 자가 더 나쁘다. 스스로 생각해 보면 문학을 핑계 삼아 잘못된 현실을 보고도 회피한 것은 아닐까. 그것에 대한 확신이 없어 문학회에 더 집요하게 매달렸다. 그리고 승산이 없음을 알면서도 거대한 권력에 당당하게 맞서 싸운 사람들에게 미안해서 글이라도 제대로 써보려고 노력했다. 그것이 그 사람들에게 빚진 것을 조금이라도 갚는 길이었기 때문이다. 그리고 그 글이 우리 주변의 힘든 이웃들에게 위로가 되고 힘이 되어주는 그런 예술이 되기를 바라며 이제껏 살아왔다.

그게 벌써 사십여 년 전이라니. 돌이켜보면 투사는 가고 비겁한 샌님들만 남았다. 지금에 와 생각해 보면 한바탕 폭풍이 지나간 것 같다. 지난해 여름 남해 보리암 밑에 사는 김 시인을 만났을 때 그는 이렇게 말했다. "태풍이 지나가고 나면 바닷물이 뒤집혀 바다 농사가 더 잘 된다."고. 한창 혈기가 넘치던 이십 대의 우리들에게 1970년대 말은 폭풍우이었다. 그 거친 비바람을 뚫고 나오는 동안 많이들 변했다. 하고 있는 일들도 다양하다. 무슨 일을 하든 그 일이 태풍이 바닷물을 뒤집어 바다를 걸게 만들 듯 우리가 겪은 폭풍이 살만한 세상을 만드는 데 부디 일조했으면 한다.

세상에는 자기 것에 만족해 진귀한 보물이 있어도 남의 것을 탐내지 않는 사람이 있다. 요즘 세상에서는 그런 사람을 '루저'라고 하는 모양이다. 어떤 삶이 더 올바르다고 단정 지울 수는 없다. 사십여 년 전, 세상 사람들은 귀하게 여기지도 않지만 스스로 가진 것에 만족해 세상의 귀한 것을 탐내지 않았던 사람들이 우리 문학회에 있었다. 그들이 이 세상의 승리자들처럼 좀 더 욕심을 부렸더라면 현재의 삶이 어떠했을까 하는 궁금증은 있다. 하지만 세상에는 천리마만 필요한 것이 아니라 백리마도 필요하다. 천리마가 할 일이 있고 백리마가 할 일이 서로 다르다. 그 다름만 인정해도 세상은 크게 달라지지 않을까?

매년 전국을 돌며 하던 행사를 올해는 청주 근교로 정했다. 젊었던 시절 우리들의 추억을 느껴볼 수 있는 장소가 좋겠다는 회원 다수의 의견이 있어서였다. 토요일 오후가 넘어서며 전국에 흩어져 살고 있는 회원들이 하나둘씩 낙엽제가 열리는 장소로 모이기 시작한다. 이제는 모두들 중년을 넘어 노년기에 접어든 나이들이 되었지만 우리 눈에는 아직도 대학시절 그 얼굴로 보인다. 매년 낙엽제마다 만나는 얼굴도 있지만 개중에는 몇 년 만이거나 십 년이 넘기도 하고, 혹간은 졸업을 하고 처음 만나는 얼굴도 있지만 어제 헤어졌다 만나는 친구처럼 거리낌이 없다. 그저 마주하기만 해도 반갑고 즐겁다.

주방에서는 1박 2일 동안 회원들이 먹을 식사와 반찬이 만들어지고, 전 부치는 기름 냄새가 진동한다. 마당 가장자리 가마솥에서는 육개장이 끓고, 삼겹살 구을 바비큐 통에도 숯불이 피어오른다. 마당 한가운데는 밤새 모닥불을 피울 장작이 더미를 이루고, 모닥불 주위로 비닐 멍석을 깔고 상들이 줄줄이 펼쳐진다. 마치 70년대 시골 잔칫집 같은 풍경이 펼쳐진다. 속속 도착하는 회원들이 점점 마당을 채

워가며 여기저기서 술판이 벌어진다. 술도 거나해지고 이제는 불같은 화도 식은 나이가 되어서 그런지 선배도 후배도 없고 시시비비도 없고 뒤죽박죽이다. 후배가 술심부름을 시켜도 선배가 쏜살같이 일어나 달려간다. 해가 넘어가기도 전에 모두들 쓰러질 판이다.

날이 어두워지며 장작더미에 불이 붙여진다. 하늘 높이 치솟는 불꽃이 마당을 대낮처럼 밝힌다. 마당이 온통 환하다. 썰렁하던 산골 밤공기가 활활 타오르는 모닥불에 훈훈해진다. 여기저기서 외치는 건배 소리와 함께 회원들 얼굴도 홍시처럼 붉어간다. 우리의 낙엽제는 일체의 요식행사도 하지 않는다. 특별한 계획이 있는 것도 아니다. 하루쯤 자유롭게 그저 마음이 움직이는 대로 즐기면 될 뿐이다.

올해는 두 명의 회원들이 시집을 출간해 그것을 축하하는 자리까지 겸해 더욱 즐거운 자리가 되었다. 향기 짙은 들국화를 꺾어다 꽃다발을 만들고 회원들의 마음을 담아 만든 기념패도 두 시인에게 전했다. 술안주 삼아 두 시인의 시도 낭송하고 화답하는 시도 서로 건넨다. 누군가가 사십여 년 전 발간한 동아리 문집을 집에서부터 가지고 온 모양이다. 스무 살 무렵의 설익은 회원들 시를 읽어나가자 모두들 비명을 지른다. 부끄러워서가 아니라 그 언젠가 우리에게도 있었던 풋풋함이 그리워서이다. 선후배 가릴 것 없이 한데 어우러져 과거에 있었던 치부를 하나씩 까밝힌다. 그럴 때마다 모두들 배를 잡고 박장대소한다. 모닥불은 점점 타오르고 술과 안주가 넘쳐난다. 합창소리가, 웃음소리가 터져 나온다.

낙엽제를 하는 동안에는 아무런 갈등도 없다. 모든 것을 잠시 내려놓고 함께 추억할 수 있는 과거를 이야기하며 하루를 보낼 수 있는

이 시간이 좋다. 오늘은 어떤 실수를 해도 개의치 않는다. 그저 만나는 것이 즐겁다. 만나서 사십 년 전 그때로 돌아가 밤새 술 먹고 떠드는 것이 즐거울 뿐이다. 그래서 낙엽제가 좋다. 달은 어느새 서산마루 가까이 기울고 있는데 사람들 웃음소리는 끊어질 줄 모르고 계속되고 있다. 별이 총총하다. 이제 날이 밝으면 모두들 또다시 각자의 자리로 돌아갈 것이다. 헤어질 생각에 갑자기 마음이 허허로워진다. 벌써부터 내년 낙엽제가 기다려진다.

| 책을 마무리하며 |

시작과 끝은 하나다

며칠 전만 해도 쌀쌀하게 바람이 불더니 어느새 봄바람이 완연하다. 해마다 겨울이 가고 봄이 온다. 수십 해를 거듭해서 오고 가는 계절인데 아직도 익숙해지지 않는다. 계절이 바뀔 때마다 여전히 어수선하고 어설프다. 더구나 또 새해가 시작되었는데 삼 년째 주저앉을 줄 모르는 코로나로 인해 그 마음이 더 혼란스럽다. 지난해 초겨울에 시작한 원고를 쓰느라 근 다섯 달을 의자에 앉아 창문 너머로만 변해가는 계절을 바라보았다.

원고를 탈고하려니 문득 회의가 든다. 이깟 원고가 무슨 소용이 있을까 해서이다. 지금 이 순간에도 우리 주변에는 힘든 사람들이 너무나 많은데 그런 사람들에게 이런 글이 무슨 도움이 될까. 그들에게는 여의주처럼 먹지도 못하는 글 나부랭이보다 따뜻한 빵 한 덩어리가 더 절실할 것이 자명하다. 그런데도 빵은 만들지 못하고 이제껏 글만 써왔다. 세상에 저절로 얻어지는 것은 없다는데, 나야말로 다른 사람들 덕분에 살고 있다는 느낌을 지울 수 없다. 세월이 흐를수록 그런 생각은 더 깊어진다. 사람들은 매일처럼 출근해 세상에 도움을 주는 생산적인 일을 하고 있는데, 나는 그런 일을 해본 적이 없다. 사람들 덕분에 무위도식하며 쓴 원고가 얼마나 위안을 줄 수 있을지 알 수 없다. 마음을 편안하게 해주기는커녕 외려 신경만 거슬리게 만드는 것은 아닐는지 걱정부터 앞선다. 그래서 미안하다.

지난해 연말, 집필을 시작할 때의 초심은 '말똥 같은 이야기지만 여의주 못지않은 얘기'를 써보겠다고 다짐했었다. 여룡의 여의주처럼 빛나지는 않지만 쇠똥구리의 말똥처럼 사람들에게 필요한 이야기를 세상에 내놓고 싶었다. 그리고 내 이야기가 우리 주변의 소외된 사람들에게 조금이라도 위로가 되어 살아가는 데 활력소가 되어주기를 바라는 마음에서였다. 그런 나의 바람이 글 속에 얼마나 표출되었는지, 독자들에게는 얼마나 공감을 줄 수 있을는지 그것도 의문이다. 그러나 이미 내 손에서 떠났으니 어쩌랴. 작가의 손을 떠난 글은 더 이상 작가의 것이 아니다. 이제부터 내 글에 대한 평가와 소유는 오롯이 독자님들 영역이다.

그래도 겨우내 매달려있던 원고를 끝내려고 하니 서운하다. 게으름을 피우지 않고 천착했더라면 좀 더 나은 글이 되지 않았을까 하는 아쉬움도 남는다. 이젠 '끝났다.'라는 생각이 드니 별별 것들이 다 마음에 걸린다. 언젠가 어떤 분께서 "시작과 끝은 하나다."라는 말씀을 하셨다. 양 안에 음이 들어있고, 음 안에 양이 들어있다. 어둠 속에 밝음이 존재하고, 밝음 속에 어둠이 존재한다. 봄 안에도 겨울이 있고, 겨울 안에서도 봄이 움트고 있다는 것이다. 하늘과 땅이 한 몸이고, 과거·현재·미래가 한 덩어리인데 사람들이 자신들의 편의에 따라 구분해놓았다는 것이다. 따라서 시작도 끝도 없고, 끝이 곧 시작이라는 말씀이셨다. 그러니 끝났다고 해서 서운해 할 필요가 없다는 것이다. 왜냐하면 끝이 곧 새로운 출발점이 될 터이니…….

그렇더라도 평범한 인간으로서 지극한 경지의 세계를 알 길 없으니 오는 세월에 가슴 설레고 가는 세월에 눈물짓는 것은 숙명이다. 어쨌든 내 손을 떠난 〈정연승의 자잘한 세상 이야기〉가 한 사람의 독자라도 따뜻하게 만들어 줄 수 있는 그런 이야기가 된다면 행복하겠다.

2023년 4월

사직동 누옥에서
정연승

용의 여의주와 쇠똥구리의 말똥

인 쇄 2023년 4월 20일
발 행 2023년 4월 30일
발행인 정 연 승
인쇄처 도서출판 한솔
충북 청주시 서원구 모충로145번길 5-6(사직동)
전화 : 043) 264-3079
등록 제아32호(1987년 12월 3일)

ISBN 978-89-91475-58-8
값 15,000원